d

Magdalen Nabb

Finchen
im Sommer

Mit Bildern von Karen Donnelly
Aus dem Englischen von
Ursula Kösters-Roth

Diogenes

Titel der 2000 bei
HarperCollins Publishers Ltd., London,
erschienenen Originalausgabe:
›Josie Smith in Summer‹
Text: Copyright © 2000 by Magdalen Nabb
Illustrationen: Copyright © 2000 by Karen Donnelly
Mit freundlicher Genehmigung von
HarperCollins Publishers Ltd.
Das Gedicht ›The Song of Wandering Aengus‹
wurde zitiert aus William Butler Yeats,
Werke, Bd. 1, hrsg. von Werner Vordtriede
Neuwied und Berlin:
Hermann Luchterhand Verlag, 1970
© 1960 by Michael Yeats and Anne Yeats
© für die deutsche Übersetzung
Luchterhand Literaturverlag, München
Abdruck mit
freundlicher Genehmigung

Alle deutschen Rechte vorbehalten
Copyright © 2001
Diogenes Verlag AG Zürich
www.diogenes.ch
60/01/6/1
ISBN 3 257 00869 4

Inhalt

Finchen geht fischen   7
Finchen ist heiß   37
Finchen und das Fest im Park   65

Finchen geht fischen

Gleich am ersten Tag der Sommerferien stand Finchen in aller Frühe auf und wusch sich. Sie wollte hübsch aussehen, darum zog sie das geblümte Sommerkleid an, das ihre Mutter vergangenes Jahr für sie genäht hatte. Finchen war nämlich mit Stefan Schneider und seinem Vater verabredet. Sie lief nach unten in die Küche und zog an der Hintertür die Gummistiefel an. Sie wollten fischen gehen. Ein bisschen kribbelte es ihr im Bauch, vor Aufregung, denn dies war das erste Mal, dass sie fischen gehen durfte. Finchen eilte nach draußen in den Hof. Es war ein sonniger, kühler Morgen. Ihre Mutter hängte gerade Wäsche auf, die frisch nach Waschpulver duftete.

»Mama? Kann ich schon frühstücken? Ich muss mich beeilen.«

»Warum hast du es denn so eilig?«, fragte Finchens Mutter. Das hörte sich lustig an, weil sie beim Sprechen eine Wäscheklammer im Mund hielt.

Entsetzt starrte Finchen sie an. Hatte ihre Mutter etwa vergessen, dass sie mit Stefan fischen gehen wollte? Hatte sie noch keine Brote zum Mitnehmen geschmiert? Warum nur vergaßen Erwachsene immer die wirklich wichtigen Dinge im Leben? Ob man sich die Ohren gewaschen hatte, das vergaßen sie nie zu fragen!

»Ich geh doch heute fischen«, sagte Finchen. »Mit Stefan und seinem Vater, und ich soll Brote mitbringen.«

Finchens Mutter klammerte gerade einen weißen Kopfkissenbezug an die Leine, nahm ihn aber sofort wieder herunter. »Jetzt sieh dir diesen Fleck an. Hast du etwa schon wieder im Bett gemalt?«

»Ich weiß nicht…« Finchen kniff die Augen ein wenig zusammen. Sie kniff immer die Augen zusammen, wenn sie nicht die Wahrheit sagte. In diesem Fall aber wusste Finchen wirklich nicht so genau, ob sie im Bett gemalt hatte oder nicht.

»Da hilft höchstens noch ein Bleichmittel«, sagte Finchens Mutter und kehrte mit dem Kissenbezug ins Haus zurück. »Wie oft habe ich dir schon gesagt, dass du nicht im Bett malen sollst? Vor lauter Malbüchern und Spielzeug ist für dich selbst kaum noch Platz darin. Hast du dein Bett wenigstens gemacht, bevor du nach unten gekommen bist?«

»Bin schon dabei«, rief Finchen und flitzte zurück nach

oben. Sie hatte große Sorge, dass sie sich verspäten könnte. Würden Stefan und sein Vater etwa ohne sie losgehen?

Oben in ihrem Zimmer weckte sie erst einmal Percy und drückte ihn liebevoll.

»Aufstehen, Percy! Ich muss das Bett machen. Du kannst so lange am Fenster warten und in den Garten schauen. Sieh nur, Rotbart sitzt da vorn auf dem Dach.« Percy thronte auf dem

Fensterbrett und schaute nach draußen, während Finchen sich an die Arbeit machte. Als sie die Bücher unter dem Kopfkissen hervorangelte, fand sie auch ein Malbuch. Vielleicht hatte sie im Bett ja doch versehentlich gemalt. Der grüne Stift fehlte. Auf der Suche danach musste sie bis ganz nach hinten unter die Bettdecke krabbeln. Finchen tastete nach dem Stift, als sie plötzlich ein gedämpftes Plopp hörte. Der Stift war unters Bett gerollt. Finchen tauchte aus der Decke wieder auf, stieg aus dem Bett und kroch darunter. Der Stift war ein bisschen staubig geworden. Finchen pustete die Staubflusen ab und legte den Stift ordentlich in die Reihe zu den anderen Stiften auf dem Malbuch. Dann nahm sie das Buch, das sie gerade las, und legte es ordentlich aufs Bett, und dann das Buch, das sie danach lesen wollte, und schließlich noch ihr Lieblingsbuch über Ballett, das sie sich immer mal wieder anschaute. Zum Schluss breitete sie sorgfältig das frisch aufgeschüttelte Kopfkissen darüber aus. Dann brachte sie Percy wieder zu Bett, küsste sein wuscheliges Wollgesicht zum Abschied und drückte ihn tief in das Kissen. Das Bett war gemacht.

Unten hatte Finchens Mutter den Kissenbezug in die Bleiche gelegt und bereitete das Frühstück vor.

»Heute gehe ich mit Stefan und seinem Vater fischen«, sagte Finchen.

»Aber nicht ohne Frühstück«, sagte Finchens Mutter. »Setz dich.«

»Ich sitz ja schon«, sagte Finchen. »Mama? Du hast doch nicht vergessen, dass ich Brote mitnehmen soll, oder?«

»Ach du meine Güte, das habe ich völlig vergessen. Hast du dir die Ohren gewaschen?«

»Ja«, antwortete Finchen und kniff die Augen zusammen.

»Dann iss jetzt dein Frühstück.«

Finchen begann zu essen, aber das fiel ihr recht schwer, denn sie hatte einen dicken Kloß im Hals. Sie würde bestimmt nicht rechtzeitig fertig werden. Vielleicht brachen Stefan und sein Vater dann ohne sie auf. Finchen sah auf die Uhr am Kamin. Viertel vor neun! Um halb elf wollten sie sich treffen, und Finchen wusste nicht, wie lange es dauern würde, die Gummistiefel mit einem feuchten Tuch abzureiben, damit sie schön schwarz glänzten, und das Haar zu kämmen und mit einem Band zusammenzubinden – und die Brote! Wenn Mama die Brote vergessen hatte, dann konnte sie keine mitnehmen, und was sollte sie dann tun? Würde sie trotzdem mitgehen dürfen? Würde Stefan ihr eines von seinen abgeben?

Besorgt sah Finchen ihre Mutter an.

Die schaute aus dem Fenster nach der Wäsche im Hof.

»Mit etwas mehr Wind würde sie viel besser trocknen. Die Betttücher wasche ich lieber ein anderes Mal.«

»Mama«, unterbrach Finchen sie besorgt, »hast du wirklich vergessen, dass ich heute fischen gehe?« Mit aller Kraft versuchte sie die aufsteigenden Tränen zurückzuhalten.

Finchens Mutter versetzte Finchen einen Nasenstüber.

»Vorgestern hast du mir gesagt, dass du heute zusammen mit Stefan und seinem Vater fischen gehen willst.«

»Und du hast es nicht vergessen!«, rief Finchen.

»Und ich habe es nicht vergessen«, wiederholte ihre Mutter. »Ich habe keine Ahnung, warum, aber ich habe es nicht vergessen. Vielleicht, weil du es mir vorgestern mindestens hundertmal gesagt hast. Und gestern hast du es mir wieder gesagt, mindestens hundertundeinmal. Und heute hast du es mir auch schon mindestens dreimal gesagt, und dabei bist du erst seit einer halben Stunde wach. Bevor du aufgestanden bist, hätte ich es vielleicht für einen kurzen Augenblick vergessen können, wenn du nicht das Fischnetz und das Marmeladenglas an der Hintertür postiert hättest. Ich wäre fast darüber gestolpert, als ich nach draußen gehen und die Wäsche aufhängen wollte. Moment mal! Wie war das? Wo willst du noch mal hin? Ach ja, jetzt weiß ich's wieder! Du machst mit Gerrit einen Ausflug in den Wald, stimmt's?«

»Nein!«, rief Finchen. »Mit Stefan und seinem Vater, und

wir gehen nicht in den Wald, sondern fischen! Lachst du mich aus?« Dann lachte Finchen auch. Gleich darauf aber runzelte sie vor lauter Sorge wieder die Stirn. »Mama, es ist schon zehn vor neun!«

»Du hast noch viel Zeit. Lass dich erst einmal richtig ansehen.«

Finchens Mutter schaute Finchen hinter die Ohren und sagte ihr, sie solle sie waschen gehen und auch die Zähne putzen. Dann kämmte sie Finchen das Haar. »Soll ich es dir mit einem Band zusammenbinden?«

»Ja«, sagte Finchen. »Aber ich habe das Band verloren, das zu diesem Kleid passt.«

Finchens Mutter nähte Kleider für andere Leute, und wenn sie eines für Finchen nähte, dann machte sie auch gleich ein passendes Haarband dazu.

»Das Kleid ist vom letzten Jahr«, sagte Finchens Mutter und betrachtete den Saum, »oder sogar vom vorletzten? Da ist nichts mehr zum Auslassen. Geh und schau in dem großen Korb nach. Vielleicht haben wir Glück und da liegt noch ein Rest von diesem Stoff.«

Finchens Mutter besaß einen großen, viereckigen Korb mit Deckel, in dem sie die Reste und auch die neuen Stoffe für die Kleider aufbewahrte. Man durfte nur mit ganz sauberen Händen daran gehen. Finchen – mit sauberen Händen, sauberem Gesicht, sauberen Zähnen und fast sauberen Ohren – öffnete den Deckel und suchte nach einem Rest von dem rot und blau geblümten Stoff. Tatsächlich, ganz unten auf dem Boden entdeckte sie ihn.

»Das ist zu wenig«, sagte Finchen.

»Stimmt«, sagte Finchens Mutter. »Aber ich habe eine Idee, wie es vielleicht geht.«

Sie gingen in das Zimmer, in dem die Nähmaschine stand, immer offen und bereit, so dass Finchens Mutter sich nur hinsetzen musste, um weiterzuarbeiten. Finchens Mutter nähte immerzu. Auch jetzt setzte sie sich hinter die Maschine und nähte Finchen aus dem Stoffrest und einem Stück Gummiband innerhalb von zwei Minuten ein neues Haarband zu ihrem Kleid.

Finchen putzte die Gummistiefel mit einem feuchten Tuch.

»So, nun lass dich einmal richtig anschauen!«

Finchen stand still, um sich anschauen zu lassen. Sie fürchtete schon, ihre Mutter würde sagen, sie solle die hässlichen braunen Schnürschuhe anziehen, weil sie schließlich ausgehe, aber Finchens Mutter sagte nur: »Willst du nicht doch lieber deine Shorts zum Fischen anziehen?«

»Ich möchte nicht wie ein Junge aussehen«, sagte Finchen.

»Du magst Stefan Schneider, nicht wahr? Wirst du ihn heiraten und doch nicht Jakob Kunstmann?«

»Nein«, sagte Finchen. »Ich werde Jakob heiraten und keinen anderen. Er hat mir Rotbart geschenkt, und er ist schon groß, und er hat ein Fahrrad und lässt mich manchmal damit fahren.«

»Verstehe. Aber du möchtest hübsch aussehen, wenn du mit Stefan fischen gehst.«

»Ich möchte nur nicht wie ein Junge aussehen. Ich ziehe gern Kleider an.« Sie blickte ihrer Mutter ganz fest in die Augen. Würde sie jetzt sagen, dass sie das geblümte Kleid nicht schmutzig machen dürfe? Aber Finchens Mutter sagte nur: »Nun ja, es ist ein altes Kleid, da macht es nichts, wenn es schmutzig wird oder einen Riss bekommt. Damit muss man bei dir natürlich immer rechnen. Und in den Gummistiefeln bekommst du keine nassen Füße. Nun lauf rüber zu Frau Bock und hol dir zwei Brötchen, als Proviant.«

Finchen lief über die Straße zu dem Laden an der Ecke. »Ich hätte gerne zwei Brötchen«, sagte sie.

Frau Bock reichte Finchen die Brötchentüte und nahm das Geld. Dann musterte sie Finchen über die Theke hinweg.

»Du siehst aus wie ein kleiner Clown, in dem Blümchenkleid und den Gummistiefeln.«

»Ich gehe fischen«, sagte Finchen.

»Wie ein richtiger kleiner Zirkusclown«, sagte Frau Bock noch einmal.

Finchen marschierte aus dem Laden und ließ beim Hinausgehen die Klingel an der Tür laut bimmeln.

Auf der Treppe des Nachbarhauses saß Lena in der Sonne und spielte mit ihrer Brautpuppe. Lena trug einen geblümten Rock mit Spitzen, weiße Söckchen mit rosa Spitzen und weiße Schuhe.

»Du siehst vielleicht blöd aus in dem Blümchenkleid und den Gummistiefeln.«

»Sehe ich nicht«, sagte Finchen. »Ich gehe nämlich fischen.«

»Du siehst trotzdem dämlich aus. Alle werden dich auslachen.«

»Werden sie nicht! Nur weil du nicht mitkommen kannst…«

»Ich will ja gar nicht mit!«, sagte Lena. »Und überhaupt, ich gehe am Samstag zum Friseur, und für das Fest im Park nächste Woche bekomme ich ein neues Kleid, und ich werde viel hübscher aussehen als du, ätsch bätsch!«

Finchen ging ins Haus und schloss die Tür.

Finchens Mutter belegte die Brötchen so, wie Finchen es am liebsten mochte, mit Salat und Schinken, Ei, Tomate und Mayonnaise. Sie packte die Brötchen zurück in die Tüte und steckte Finchen noch einen Apfel in die Tasche am Kleid.

»Mama, Stefans Vater hat gesagt, wir brauchen nichts zu trinken mitzunehmen, weil wir am Himmelswasser vorbeikommen.«

»Ich weiß. Nimm dein Fischnetz und das Marmeladenglas.«

Finchen wusste nicht, was Himmelswasser war, aber sie wollte auch nicht fragen. Sie mochte den Namen und murmelte ihn immer wieder vor sich hin, als sie mit den Brötchen und dem Fischnetz grußlos an Lena vorbeimarschierte. »Himmelswasser, Himmelswasser«, wiederholte sie flüsternd auf dem Weg zu Stefans Haus. Das hörte sich an wie ein herrlich kühles Erfrischungsgetränk, besser als alles, was es zu kaufen gab, selbst Frau Bock hatte nichts, was so köstlich klang. Als sie fast bei Stefan angekommen war, unterbrach sie das Gemurmel. »Du siehst dämlich aus, und alle werden dich auslachen!«, schrie Lena hinter ihr her.

Finchen hob die Hand und wollte an Stefans Haustür klopfen, aber sie klopfte nicht.

Hätte sie doch besser Shorts anziehen sollen, wie ihre Mutter gesagt hatte?

Sah sie wirklich aus wie ein Clown, wie Frau Bock gesagt hatte?

Sah sie dämlich aus, wie Lena gesagt hatte?

Würde Stefan sie auslachen?

Finchen starrte auf die Tür, klopfte aber nicht. Dann schaute sie die Straße hoch, konnte Lena aber nicht entdecken. Lena war mit ihrer Puppe ins Haus zurückgekehrt. Finchen legte die Tüte mit den Brötchen vorsichtig auf die Schwelle von Stefans Haus und stellte das Fischnetz und das Marmeladenglas an die Tür. So würden die beiden wissen, dass sie gleich wieder käme. Dann rannte sie wie der Blitz die Straße hinauf und zurück in ihren Hof. Sie nutzte die Wäsche als Blickschutz, eilte ungesehen zur Hintertür und schlich ins Haus. Finchen lauschte und als sie das Rattern der Nähmaschine aus dem vorderen Zimmer hörte, zog sie die Gummistiefel aus und stellte sie ordentlich zurück auf die Matte. Dann schlich sie leise auf Strümpfen nach oben, zog sich saubere, weiße Söckchen und die weißen Leinensandalen an. Das waren ihre allerbesten Sandalen, und seit letztem Sommer hatte Finchens Mutter es ihr nicht ein

einziges Mal erlaubt, sie zu tragen. Es war nicht ganz einfach, mit den Füßen hineinzukommen, vielleicht, weil sie die Sandalen schon so lange nicht mehr getragen hatte. Finchen schlich wieder nach unten und rannte nach draußen.

Finchen mochte ihre besten weißen Sandalen, aber sie konnte mit ihnen nicht so schnell rennen wie mit den Gummistiefeln. Sie konnte damit überhaupt nicht schnell rennen. Nicht einmal rennen konnte sie damit. Sie ging die Straße hinunter. Stefan und sein Vater warteten schon an der Tür.

»Hast du was vergessen?«, fragte Stefans Vater.

»Ja«, antwortete Finchen und kniff die Augen fest zusammen. Sie konnte den beiden doch nicht von den Sandalen erzählen. Herr Schneider trug Gummistiefel, und Stefan hatte alte Turnschuhe ohne Socken angezogen.

»Dann können wir ja gehen«, sagte Stefan. »Deine Brötchen sind in meinem Rucksack, und hier ist dein Netz.«

Die drei machten sich auf den Weg.

Sie gingen zur Hauptstraße hinunter und bogen dann in eine steil ansteigende Seitengasse ab. Es war eine sehr lange,

sehr steile Seitengasse. Finchen war heiß. Herr Schneider erzählte ihnen lange Geschichten über das, was er in der guten alten Zeit so alles beim Fischen erlebt hatte. Finchen gab sich große Mühe, richtig zuzuhören, aber sie verlor immer wieder den Faden, weil sie schwer zu kämpfen hatte. Sie hatte ja gewusst, dass sie in den guten Sandalen nicht richtig rennen konnte, aber jetzt musste sie feststellen, dass sie darin auch nicht richtig laufen konnte. Irgend etwas am kleinen Zeh tat fürchterlich weh. Finchen dachte, dass ihr Söckchen vielleicht verrutscht sei und ein Knubbel oder eine Falte gegen den Zeh drückte. Meistens lag es an einem Knubbel oder an einer Falte oder manchmal auch an einem Steinchen, wenn ihr der Schuh drückte. Sie waren aber noch gar nicht über Steine gegangen, obwohl sie schon sehr weit gelaufen waren. Finchen war heiß, und der Fuß tat ihr weh.

»Ich weiß noch genau, wie ich zu Thomas Hauser sagte, dass wir einen so tollen Fischzug nie wieder erleben würden. Und ich habe Recht behalten!«

»Wirklich, Herr Schneider?«

»Ja, wirklich«, antwortete Herr Schneider. »Gehst du immer so langsam?«

»Nein«, antwortete Finchen. »Ich kann sehr rasch gehen und ganz schnell rennen.«

»Dann zeig uns das doch mal«, sagte Herr Schneider, »sonst kommen wir erst im Dunkeln an.«

Finchen wollte ihm nichts von dem Knubbel oder der Falte erzählen. Herr Schneider sollte sie nicht für eine Heulsuse halten. Finchen ging ein wenig schneller und zwang sich zu lächeln, damit niemand merkte, dass etwas nicht stimmte. Ihr war heiß, sie hatte Durst, und der Fuß tat ihr weh.

Herr Schneider begann, eine neue Geschichte zu erzählen.

»Mein Vater war in der Armee und an tausend verschiedenen Orten«, sagte Stefan. »Was ist mit deinem Fuß?«

»Nichts«, sagte Finchen und zwang sich, noch ein wenig breiter zu lächeln. »Warum redet dein Vater immer nur von früher? Findet er das Leben heute nicht so schön?«

»Nein, und ich fand es früher auch schöner, als meine Mutter noch lebte.«

Oben, am Ende der Straße stand ein Haus. Es sah ein bisschen wie eine Kirche aus, mit einem kleinen Vorbau, war aber nicht größer als ein Raum. Über der Tür stand SCHULE.

»Mein Großvater hat diese Schule besucht«, sagte Stefans Vater, »und hier bekommen wir auch unser Himmelswasser.«

Finchen blickte sich suchend um. Neben der kleinen alten Schule, mitten in einem Beet Löwenzahn und Butterblumen, wuchs ein großes Steingesicht empor, mit einer Tülle im Mund. Und aus dieser Tülle strömte spritzend und glucksend frisches, kühles Wasser in einen rechteckigen Trog aus Stein, der dicht mit grünem Moos bewachsen war. Finchen war heiß. Der Fuß tat ihr weh, und sie war sehr, sehr durstig. Sie kniete sich in die kühlen Butterblumen und trank. Das Quellwasser war eiskalt und klar, so klar wie der blaue Himmel und so frisch wie die Butterblumen.

Finchen trank und trank und ließ sich das kühle Wasser über das heiße Gesicht plätschern. Das war besser als alle Getränke, die es zu kaufen gab. Selbst Frau Bock hatte in ihrem Laden nichts, was so köstlich schmeckte. Als alle getrunken hatten, füllte Stefans Vater eine mit grünem Leinen bezogene Metallflasche mit dem Quellwasser, damit sie etwas zu trinken hatten, wenn sie später die Brötchen aßen. Dann marschierten sie weiter die Straße hinauf, kletterten auf der linken Seite über einen Zauntritt und gingen in den Stadtwald. Zuerst kamen sie an ein Feld mit Butterblumen. Jeder pflückte eine und steckte sie sich hinter das Ohr. Dann entdeckten sie im Schatten der großen Bäume Glockenblumen. Sie verströmten einen so starken Duft, dass es einem fast den Atem verschlug. Finchen freute sich so sehr über die Glockenblumen, dass sie den schmerzenden Fuß ganz vergaß. Die kühlen Blumen kitzelten sie an den Beinen, und der herrliche Duft ließ sie lächeln.

Dann gingen sie einen steilen Pfad zu dem Bach hinunter, der gurgelnd und plätschernd über große, mit Moos bewachsene Steine floss.

Finchen war heiß, und der Fuß tat ihr weh. Wenn sie doch nur Schuhe und Strümpfe ausziehen und die Füße in dem Bach kühlen könnte.

»Na macht schon«, sagte Stefans Vater, »zieht Strümpfe und Schuhe aus. Oder wollt ihr nicht in den Bach?«

Finchen und Stefan setzten sich, zogen Strümpfe und Schuhe aus und ließen ihre heißen Füße ins plätschernde Wasser baumeln. Sie kreischten und quietschten, weil das Wasser herrlich kalt war. »Was ist denn das?«, fragte Stefan und deutete auf Finchens Fuß. »Du hast ja geblutet. Das war bestimmt eine Blase, die aufgeplatzt ist. Hast du das nicht gemerkt?«

»Ein bisschen schon«, sagte Finchen. »Darum konnte ich ja nicht mehr so schnell laufen.«

»Wenn ich so eine Blase gehabt hätte«, sagte Stefan, »hätte ich keinen einzigen Meter mehr gehen können. Du bist ganz schön hart im Nehmen, muss ich sagen, ganz schön hart.«

Finchen freute sich darüber, dass sie hart im Nehmen war, und der Fuß tat ihr überhaupt nicht mehr weh, jetzt, wo sie ihn im klaren Wasser des Bachs baden konnte. Aber dann betrachtete sie den Schuh, um nachzusehen, ob ein Stein darin war. Es war aber kein Stein darin, sondern Blut. Blut auf weißem Leinen. Der Fleck ging bestimmt nie wieder raus. Sie kontrollierte die Söckchen, um zu sehen, ob da ein Knubbel oder eine Falte war. Aber es war kein Knubbel und keine Falte in dem Söckchen, sondern nur ein Blutfleck. Der Fleck ging beim Waschen bestimmt nicht raus.

»Was hast du?«, fragte Stefan.

»Meine Mama wird mich fürchterlich ausschimpfen«, sagte Finchen, »weil ich schlimme Flecken in meine besten Söckchen und Sandalen gemacht habe.«

»Niemand wird mit dir schimpfen«, sagte Stefan. »Das war doch nicht dein Fehler. Deine Mama hätte dafür sorgen müssen, dass du Gummistiefel zum Fischen anziehst. Und überhaupt, du kannst doch nichts dafür, dass deine Füße gewachsen sind. Mein Vater geht weiter nach oben, zum

Forellenfischen, dorthin,
wo der Baum über den Bach hängt.
Da ist es tiefer. Wir bleiben hier
und fangen Stichlinge.
Komm schon, hol dein Netz.«

Finchen war noch immer äußerst besorgt, holte aber ihr Netz. Und auf der Suche nach einer guten Stelle zum Stichlinge fangen, vergaß sie Schuhe und Söckchen.

»Hierher! Hierher!«, rief Stefan und ging in die Hocke, um die Stichlinge besser sehen zu können.

»Ihr müsst leiser sein«, rief Stefans Vater, der weiter oben am Bach Forellen fischte.

Stefan war sehr gut im Aufspüren der Stichlinge, aber Finchen war beim Fangen mit dem Netz besser, denn sie ging leiser und bedachter vor. Als Stefans Vater wieder zu ihnen kam, weil es Zeit zum Essen war, da hatte Finchen viel mehr Stichlinge in ihrem Marmeladenglas als Stefan in seinem.

Sie saßen im Gras, ließen die Füße ins plätschernde Wasser baumeln und aßen die Brötchen.

»Haben Sie auch etwas gefangen, Herr Schneider?«, fragte Finchen.

»Die Geschichte wirst du mir ja doch nicht glauben«, sagte Herr Schneider. »Selbst wenn du mir gerne glauben willst, es wird dir nicht gelingen.«

»Meinen Sie?« Finchen nahm sich ganz fest vor, Herrn

Schneider zu glauben. »Ich will Ihnen aber glauben, Herr Schneider, darin bin ich sehr gut.«

»Glaubst du auch Anglerlatein?«, fragte Stefans Vater.

»Ja«, sagte Finchen mit halb zusammengekniffenen Augen. Sie wusste nicht, ob sie Anglerlatein glaubte, denn sie wusste nicht, was Anglerlatein war. Sprechen Angler Latein? Das versteht doch keiner?

Stefans Vater beugte sich zu ihr vor. Er roch nach Käse und Gurke. »Ich habe einen kleinen Silberfisch gefangen, aber als ich ihn weglegte, da verwandelte er sich in ein schimmerndes Mädchen mit Apfelblütenduft im Haar.«

»Wirklich?« Finchen gab sich alle Mühe, die Geschichte zu glauben.

»Und was geschah dann?«

»Sie hat meinen Namen gerufen. Dann ist sie davongelaufen und löste sich in Luft auf. Das ist Poesie.«

»Wirklich? Bei uns ist sie aber nicht vorbeigekommen, sonst hätten wir sie gesehen. Wir haben nur eine Hummel, Mücken und eine Libelle gesehen.«

»Mein Vater nimmt dich auf den Arm«, sagte Stefan. »Können wir was trinken, Papa?«

Sie tranken das Himmelswasser aus der Trinkflasche mit dem dunkelgrünen Bezug. Es schmeckte anders als direkt aus dem Tüllenmund des Steingesichts. Aber es schmeckte immer noch außergewöhnlich gut, und der grüne Stoff fühlte sich schön rau an.

Dann zeigte ihnen Stefans Vater die glitzernden Taumelkäfer, die an den ruhigen Stellen, die die Strömung nicht erreichte, auf der Wasseroberfläche ihre Kreise zogen.

»Warum können sie auf dem Wasser laufen?«, fragte Finchen. »Warum gehen sie nicht unter?«

»Sie haben besondere Haare an den Füßen, so dass sie wie kleine Paddel geformt sind«, sagte Stefan. »Damit können sie auf dem Wasser laufen oder unter Wasser paddeln.«

»Und ihre Augen«, sagte Stefans Vater, »sind zweigeteilt. So können sie gleichzeitig sehen, was über ihren Köpfen und was unter ihnen im Wasser geschieht.«

Zweifelnd sah Finchen Stefans Vater an. Sie versuchte ihm die Geschichte mit den zweigeteilten Augen zu glauben, aber sie konnte es nicht. Das hörte sich viel unwahrscheinlicher an, als die Geschichte vom Silberfisch, der sich in ein Mädchen verwandelt hatte. Finchen wartete darauf, dass Stefan sagte ›Er nimmt dich auf den Arm‹, aber Stefan sagte nichts.

»Ist das auch Poesie, Herr Schneider?«, fragte sie.

»Nein, das ist keine Poesie, das ist Wissenschaft. Und das«, sagte er und blickte horchend auf, »das hört sich nach einem Gewitter an.«

Sie schauten hoch zum Himmel. Er war noch immer blau, aber in der Ferne sahen sie Blitze zucken, und von überall her ertönte lautes Donnergrollen.

»Ich kann den Regen riechen«, sagte Stefan.

»Jetzt aber Tempo«, sagte sein Vater. »Wir müssen versuchen, rasch nach Hause zu laufen, bevor es richtig anfängt. Zieht euch Schuhe und Strümpfe an.«

»Finchen kann aber nicht rennen«, sagte Stefan. »Sie hat eine aufgeplatzte Blase. Sieh doch.«

Stefans Vater betrachtete die Blase. »Ich werde dich das steile, steinige Stück des Weges huckepack tragen. Mal sehen, ob du dann über das Feld rennen kannst.«

»Warum gehen wir über das Feld, Herr Schneider?«, fragte Finchen.

»Weil es blitzt und donnert«, sagte Herr Schneider. »Da können wir nicht durch den Wald. Lasst die Stichlinge wieder frei, macht schon, beeilt euch ein bisschen.«

»Kann ich sie nicht mit nach Hause nehmen und meiner Mutter zeigen?«, bat Finchen.

»Stell dich nicht so dämlich an«, sagte Stefan. »Sie gehören hierher, hier leben sie. Mach schon, beeil dich!«

Ein lauter Donnerschlag krachte direkt über ihren Köpfen, und Finchen beeilte sich. Sie setzte die Stichlinge zurück in den Bach und schlüpfte rasch in Söckchen und Sandalen.

Stefans Vater trug Finchen das steile, steinige Stück des Weges huckepack. »Hast du Angst vor Blitz und Donner?«, fragte er Finchen.

»Nein«, sagte Finchen. »Und ich lasse mich sogar gern nassregnen.«

Stefans Vater ließ Finchen am Zauntritt des Feldes hinunter und fragte: »Hast du Angst vor Kühen?«

»Nein«, sagte Finchen. Sie kämpfte einen Augenblick lang mit sich, kniff dann aber doch die Augen zusammen. Dann öffnete sie sie wieder. »Ich habe aber noch nie eine gestreichelt«, sagte sie.

»Nun, dann wirst du auch heute keine streicheln«, sagte Herr Schneider. »Schau, sie haben sich alle hingelegt, weil es gleich regnen wird. Sie werden sich nicht um uns kümmern. Kommt!«

Sie rannten über das Feld zur Straße, die nach Hause führte. Herr Schneider rannte als Erster, dann kam Stefan, und Finchen bildete das Schlusslicht. Sie humpelte und machte sich Sorgen wegen des Schuhs.

»Es fängt an!«, rief Herr Schneider Stefan über die Schulter zu. »Komm schon, beeil dich!«

»Es fängt an!«, rief Stefan Finchen über die Schulter zu. »Komm schon, beeil dich!«

»Phum, phum«, ächzte Finchen. Sie humpelte und machte sich Sorgen wegen des Schuhs.

Es fing an. Große, dicke Regentropfen prasselten auf das hohe Gras, trommelten auf die Butterblumen und klatschten Finchen ins Gesicht. Die Kühe auf dem Feld rührten sich nicht. Sie ließen sich einfach nassregnen und dampften vor sich hin. Warum gingen sie nicht nach Hause in den Stall?

»Pass auf die Fladen auf!«, rief Herr Schneider Stefan über die Schulter zu. »Komm schon, schneller!«

»Pass auf die Fladen auf!«, rief Stefan Finchen über die Schulter zu. »Komm schon, schneller!«

»Worauf soll ich aufpassen? Auf Fladen?«, wunderte sich Finchen. Sie humpelte und machte sich Sorgen wegen des Schuhs.

»Was für Fladen?«, rief Finchen. »Was sind – iiiiiiiih! Hilfe!« Platsch!

Stefan hörte Finchen rufen und eilte ihr zu Hilfe.

»Ich hab dir doch gesagt, dass du dich vor den Kuhfladen in Acht nehmen sollst!«, sagte er. »Komm schon, wir werden patschnass!«

Als sie endlich die Straße erreichten, waren sie patschnass. Sie blickten den steilen Hang mit den zahllosen Häuserreihen hinunter, die alle gleich aussahen, mit den Geschäften und den Fabriken mit den hohen Schornsteinen, und alles war dunkel und patschnass.

»Wir brauchen nicht mehr zu rennen«, sagte Herr Schneider. »Nasser können wir sowieso nicht mehr werden. Wie geht es dir mit deiner Blase, Finchen?«

Finchen versteckte den Schuh, mit dem sie in den Kuhfladen getreten war, hinter dem Schuh mit dem Blutfleck. »Es tut ein bisschen weh.«

»Soll ich dich noch einmal huckepack nehmen?«

»Nein, es geht schon«, sagte Finchen. Stefans Vater sollte nicht sehen, dass sie in einen Kuhfladen getreten war.

»Sie ist in einen Kuhfladen getreten«, sagte Stefan. »Da kannst du sie wohl kaum noch tragen.«

Stefans Vater öffnete seinen Rucksack und holte die Plastiktüte heraus, in der er die Brötchen eingepackt hatte. Er sagte Finchen, sie solle den Fuß in die Tüte stellen und band sie mit den Tragegriffen an ihrem Bein fest. Dann trug er sie huckepack, den ganzen Weg, im Regen, bis vor die Haustür.

Finchen stürmte ins Haus. »Mama!«, rief sie. »Mama, das war ein toller Tag. Wir sind nur heimgekommen, weil es geregnet hat, und da waren Kühe, aber die haben sich nicht um uns gekümmert! Und ich habe mehr Stichlinge gefangen als Stefan, und Stefans Vater hat einen Fisch gefangen, der sich in ein Mädchen verwandelt hat, wir haben es nur nicht gesehen, weil es in die andere Richtung verschwunden ist, und er hat gesagt, Angler sprechen Latein und das ist Poesie! Und Stefan hat gesagt, ich sei ganz schön hart im Nehmen, denn er hätte geweint, wenn er so eine große Blase gehabt hätte wie ich.«

Finchen unterbrach ihren Redefluss und blickte besorgt auf ihre Füße hinunter.

Finchens Mutter unterbrach ihre Arbeit an der Nähmaschine und blickte auf Finchens Füße.

»Dreh dich doch bitte einmal um«, sagte Finchens Mutter.

Finchen drehte sich um.

»Und wieder zurück«, sagte Finchens Mutter.

Finchen drehte sich wieder zu ihr hin. Sie schaute über die Schulter, um ihren Rücken zu betrachten, dann betrachtete sie sich von vorn. Finchens Mutter saß hinter der Nähmaschine und betrachtete sie ebenfalls – naserümpfend!

»Wir sind übers Feld gelaufen«, wiederholte Finchen. »Und da waren Kühe. Wir mussten übers Feld gehen, weil es gedonnert und geblitzt hat…«

Finchen stockte, sie sagte nichts mehr. Sie stand einfach nur da. Aus ihrem nassen Pony lösten sich die Regentropfen und liefen ihr über das Gesicht. Von den Haaren tropfte es auf ihre Schultern. Der Rücken ihres Blümchenkleids war voller Grasflecken und ganz und gar schlamm- und regenverspritzt. Vorne auf dem Kleid schienen mehr Blumen zu sein als vorher, die meisten in den Farben von Tomaten, Ei und Mayonnaise. Unter dem Kleid sah man ihre nassen, schlammbedeckten Beine. Ein Bein endete in einem aufgeweichten, schmutzigen Schuh mit einem roten Flecken. Man konnte nicht sehen, wo das andere Bein endete, denn das steckte in einer Plastiktüte. Man konnte es aber riechen.

»Soll ich mir die Hände und das Gesicht waschen?«, fragte Finchen und überlegte, ob ihre Mutter wohl arg mit ihr schimpfen würde.

Finchens Mutter schimpfte nicht. Aber Finchen musste einiges mehr waschen als nur die Hände und das Gesicht. Sie musste baden und die Haare waschen. Als Finchens Mutter sah, wie die weißen Sandalen aussahen, stopfte sie sie in Stefans Brottüte und warf sie in den Mülleimer. Und noch immer schimpfte Finchens Mutter nicht mit Finchen.

Sie machte ein Fußbad für Finchens schmerzenden Fuß, bepinselte ihn mit einem Desinfektionsmittel und klebte ein Pflaster auf die Wunde. »Ich wusste, dass du dir eine Blase laufen würdest.«

»Woher? Du hast doch gar nicht gesehen, wie ich die Gummistiefel ausgezogen habe.«

»Das nicht«, sagte Finchens Mutter und warf einen Blick auf die blank geputzten Gummistiefel auf der Matte an der Küchentür. »Gott sei Dank stellst du wenigstens die Gummistiefel immer an den richtigen Platz. Du hast mir gesagt, dass du hübsch aussehen willst für Stefan. Warum hast du mir dann nicht gesagt, dass du die Sandalen anziehen möchtest?«

»Ich weiß nicht«, sagte Finchen. Sie kämpfte kurz mit sich. »Weil du immer Nein sagst. Ich darf sie nie anziehen, weil es meine besten Schuhe sind.«

»Doch nicht, weil es deine besten Schuhe sind«, sagte Finchens Mutter, »du durftest sie nicht mehr anziehen, weil sie zu klein geworden sind und ich nicht das Geld hatte, dir neue zu kaufen. Wenn sie vorne nicht offen gewesen wären, hättest du deinen Fuß überhaupt nicht mehr hineingebracht. Und jetzt habe ich eine gute Neuigkeit für dich.«

»Muss ich mich auf deinen Schoß setzen?«, fragte Finchen. Sie musste nur auf dem Schoß ihrer Mutter sitzen, wenn sie ihr ganz tolle Neuigkeiten zu berichten hatte.

»Ja«, sagte Finchens Mutter. »Komm schon.«

Finchen setzte sich auf den Schoß ihrer Mutter, hörte ihr zu und lächelte. Sie würde rechtzeitig zum großen Fest im Park neue Sandalen bekommen. Als sie ins Bett ging, erzählte sie Percy die gute Neuigkeit und auch noch eine ganze Menge anderer interessanter Dinge. Sie erzählte ihm von den glitzernden Taumelkäfern, die auf dem Wasser laufen können, aber sie erzählte ihm nicht von den zweigeteilten Augen, nicht einmal mit zugekniffenen Augen, denn das würde er ihr ja doch nicht glauben.

Ganz zum Schluss, bevor sie einschliefen, zog sie seinen wuscheligen Kopf ganz nah zu sich heran und erzählte ihm eine Geschichte von Butterblumen und Glockenblumen und von einem kleinen Silberfisch, der sich in ein Mädchen mit Apfelblütenduft im Haar verwandelte, das dann weggelaufen war und sich in Luft aufgelöst hatte.

»Wirklich, Percy«, flüsterte sie und drückte ihn dabei fest an sich. »Ich habe meine Augen nicht zugekniffen. Das ist Poesie.«

Finchen ist heiß

»Mir ist so heiß«, sagte Finchen.
»Dann geh dir Gesicht und Hände waschen«, sagte Finchens Mutter.

»Ich bin nicht schmutzig, mir ist heiß«, sagte Finchen.

»Dann geh dir Gesicht und Hände waschen. Danach fühlst du dich besser.« Finchens Mutter nähte weiter.

Finchen mochte den Geruch des geblümten Baumwollstoffs, den ihre Mutter gerade nähte. Sie mochte auch das Rattern der Nähmaschine. Aber ihr war immer noch heiß. Sie wartete ein wenig. »Kann ich ein Eis haben?«

Finchens Mutter nähte den Saum fertig. Dann nähte sie rückwärts und vorwärts und rückwärts und vorwärts und schnitt den Faden ab.

Finchen wartete, aber ihre Mutter gab keine Antwort. Erwachsene mögen es nicht, wenn man bettelt, aber wenn sie zu antworten vergaß, dann musste man eben noch einmal fragen.

»Kann ich ein Eis haben?«, fragte Finchen.

Finchens Mutter zog den geblümten Baumwollstoff aus der Maschine heraus und betrachtete die Rückseite der Naht.

»O nein!«, stöhnte sie. »Die Spannung ist schon wieder nicht in Ordnung!« Sie runzelte die Stirn. »Ich werde noch wahnsinnig…! Was willst du?«

»Ich möchte ein Eis«, flüsterte Finchen. Sie wollte nicht betteln. »Mir ist so heiß.«

»Meinetwegen«, sagte Finchens Mutter. »Bring mir das Portemonnaie. Es liegt auf dem Tisch.«

Finchen lief in die Küche, um das Portemonnaie zu holen. Als sie zurückkam, trennte ihre Mutter die Naht wieder auf, die hinten voller Schlingen und Knoten war. Der Saum löste sich auf. Die Mutter nahm das Portemonnaie und gab Finchen Geld. Finchen rannte zur Haustür hinaus und hinüber auf die andere Straßenseite zu Frau Bock.

»Hallo, Finchen«, grüßte Frau Bock. »Dir scheint ja fürchterlich heiß zu sein.«

»Ja, mir ist heiß«, sagte Finchen. »Ich verbrenne, und ich möchte ein Eis am Stiel.«

»Bitte«, sagte Frau Bock.

»Bitte«, sagte Finchen. Sie hatte nur vergessen, ›Bitte‹ zu sagen, weil es so heiß war.

Das Eis am Stiel von Frau Bock war das beste Eis weit und breit. Frau Bock machte es nämlich selbst. Sie füllte gelben Zitronensaft oder roten Himbeersaft in kleine Blechröhrchen auf einem Gestell und gab dann den Stiel hinein. Frau Bock hatte auch normales Eis mit Papier drum herum in ihrer Gefriertruhe, aber das kostete viel mehr und schmeckte bei weitem nicht so gut.

Frau Bock öffnete den Deckel der Gefriertruhe.

»Welche Farbe hättest du denn gern?«

»Rot«, sagte Finchen. »Bitte.« Mit einem roten Eis konnte man Lippenstift spielen, bis aus dem oberen Teil die ganze Farbe heraus war und nur noch das Eis übrig blieb.

Frau Bock gab Finchen ein rotes Eis am Stiel und nahm das Geld entgegen. »Wie geht es deiner Mutter?«, fragte sie.

»Sie hat eine falsche Spannung«, sagte Finchen, »und tiefe Falten auf der Stirn.« Finchen wusste nicht genau, was Spannung war, aber sie wusste, dass ihre Mutter deswegen die Stirn runzelte und Knoten in der Naht hatte.

»Wahrscheinlich hat sie Kopfweh«, sagte Frau Bock. »Sei ein braves Mädchen und lass sie ein wenig in Ruhe. Spiel ein bisschen draußen, mit Lena, geh schon.«

Finchen ging. Aber sie ging nicht nach nebenan Lena abholen. Sie setzte sich vor die eigene Tür und malte sich die Lippen rot mit dem herrlich kühlen Eis. Die Türschwelle war ganz heiß, und der Bürgersteig war auch ganz heiß, und hoch über den schwarzen Dächern und den Schornsteinen waberte der Himmel. Finchen hätte gern gewusst, warum der Himmel so waberte, aber da war niemand, den sie fragen konnte. Die Haustür hinter ihr stand offen, und sie hörte die Nähmaschine wieder rattern. Finchen blieb einfach sitzen, schleckte den Himbeer-Lippenstift von den Lippen und malte sie sich anschließend wieder an. Das geschmolzene Eis tröpfelte ihr auf das Kinn und auf den Kragen der Bluse.

Wenn doch nur Lena zum Spielen käme. Sie würde zwar auch nicht wissen, warum der Himmel so waberte, aber Finchen hätte wenigstens jemanden zum Spielen. Es hatte keinen Zweck, sie abzuholen. Es war Samstagnachmittag. Am Morgen war Lena zusammen mit ihrer Mutter zum Friseur gegangen. Finchen hatte die beiden nach Hause kommen sehen. Sie rochen so stark nach Friseur, dass Finchen sich die Nase zuhalten musste. Finchen fand es dumm, zum Friseur zu gehen. Ihre Mutter konnte Haare schneiden und auch Locken legen. Darum ging Finchen nie zum Friseur. Lena hatte blonde, lockige Haare. Wenn sie zum Friseur ging, war ihr Haar noch viel lockiger, und die Locken wippten nicht mehr fröhlich hin und her. Sie fühlten sich so steif und starr an wie Puppenhaar. Dann kam Lena nie nach draußen zum Spielen, weil sie sich die Frisur nicht verderben wollte.

Finchen hatte ihr Eis fertig gegessen und steckte den Stiel in die Tasche, zum Basteln. Dann war ihr wieder heiß, und sie überlegte, was sie noch machen könnte.

Sie könnte Herrn Schuhmacher im Schrebergarten besuchen und ihm beim Unkraut Rupfen helfen und Würmer für die Hühner suchen. Finchen mochte die Hühner sehr, aber es war so heiß. Sie könnte Gerrit Graf abholen und mit ihm spielen. Aber Gerrit wollte immer nur Spiele wie Cowboy und Indianer oder Räuber und Gendarm spielen, bei denen man viel rennen musste. Finchen rannte gerne, aber es war so heiß. Sie könnte die Straße hinunter zum Haus ihrer Großmutter laufen und nachsehen, ob sie vielleicht gerade Törtchen für Sonntag backte. Aber wenn sie das Törtchen gegessen hatte, dann müsste sie die ganze lange, steile Straße wieder zurücklaufen, und es war so heiß.

Finchen stand von der heißen Türschwelle auf und ging hinein zu ihrer Mutter.

»Was ist los?«, fragte Finchens Mutter.

»Mir ist immer noch so heiß«, sagte Finchen. »Und ich habe die Nase voll.«

Finchens Mutter kontrollierte den Saum von dem geblüm-

ten Stoff. Auf der Rückseite waren wieder überall Schlingen und Knoten. Sie warf den Stoff zur Seite. »Das reicht. Jetzt ist's genug.«

Finchen befürchtete schon, sie würde jetzt ausgeschimpft werden, aber ihre Mutter schaute sie nur an. »Ich habe die Nase auch voll«, sagte sie.

»Ist dir auch so warm wie mir?«, fragte Finchen.

»Nein, aber ich bin müde, und die Nähmaschine muss repariert werden. Hast du dein Gesicht gesehen? Es ist knallrot.«

»Das ist vielleicht vom Eis«, sagte Finchen. Sie strich sich über das Gesicht und malte sich dabei einen dicken schwarzen Strich auf die Wange.

»Das kommt nicht vom Eis. Dir ist zu heiß. Wir verschaffen dir besser ein bisschen Kühlung. Geh und zieh deinen Badeanzug an.«

»Wozu?«, fragte Finchen.

»Wir werden uns jetzt ein wenig Spaß gönnen«, sagte Finchens Mutter. »Lass dich überraschen.«

Finchen flitzte nach oben und durchwühlte die Schubladen, bis sie endlich ihren blauen Badeanzug mit den bunten Seifenblasen fand. Sie presste den seidigen Stoff an die Wange. Der aufregende Geruch von Sonne, Sand und Meer stieg ihr in die Nase. Aber sie machten heute bestimmt keinen Ausflug ans Meer, oder doch?

Finchen rannte hinaus auf den Treppenabsatz. »Mama! Fahren wir ans Meer?« Aber Finchens Mutter antwortete nicht. Sie war nicht in der Küche. Finchen konnte sie draußen im Hof hören. Und sie hörte Wasser plätschern.

Finchen flitzte zurück in ihr Zimmer und öffnete das Fenster. »Mama? Was machst du da?«

»Zieh deinen Badeanzug an und komm gucken!«

Unten im Hof standen zwei große Metallbottiche. Finchens Oma erzählte immer, dass ihre Mutter in solchen Bottichen die Wäsche gewaschen habe. Aber heute tat das niemand mehr, weil es Waschmaschinen gab. In den großen Waschbottichen sammelte sich jetzt das Regenwasser, und wenn genug drin war, dann holten Finchen und ihre Mutter das Wasser mit einem Eimer heraus und säuberten die großen Steinplatten im Hof. Vielleicht wollte Finchens Mutter ja jetzt die großen Steinplatten im Hof sauber machen. Das war harte Arbeit, aber es machte mehr Spaß als falsche Spannung und Knoten in der Naht oder ganz allein auf der Türschwelle sitzen. Und wenn man einen Badeanzug anhatte, da konnte man sich versehentlich ein wenig nass spritzen.

Finchen rannte in ihrem Badeanzug die Treppe hinunter

und hinaus in den Hof. Finchens Mutter füllte mit einem Eimer Wasser in einen der Bottiche, denn es hatte lange nicht geregnet.

»Machen wir den Hof sauber?«, fragte Finchen.

»Nein«, sagte Finchens Mutter. »Aber wir machen etwas anderes sauber.«

»So wie Omas Mutter, als es noch keine Waschmaschinen gab?«

»So ähnlich«, sagte Finchens Mutter, »aber was wir waschen wollen, hätte sowieso nicht in die Waschmaschine gepasst.«

»Warum nicht?«, fragte Finchen. »Ist es zu groß?«

»Nicht zu groß«, sagte Finchens Mutter, »aber viel zu zappelig und quietschig.«

»Was ist es denn?«, fragte Finchen.

»Komm her, dann zeig ich's dir«, sagte Finchens Mutter und hob Finchen hoch, so dass sie nach unten ins Wasser gucken konnte. »In dem Fass ist nichts«, sagte Finchen.

»Ich habe ja auch noch nichts reingetan«, sagte Finchens Mutter.

»Wann tust du denn was rein? Ich möchte gerne sehen, welche Wäsche zappelt und quietscht. Mama, mach schon.«

»Na gut«, sagte Finchens Mutter und ließ Finchen in den Bottich plumpsen.

Plaaatsch!

»Aaaaahiiii!«, quietschte Finchen und hüpfte und zappelte in dem kalten Wasser. »Du hast mich reingeworfen!«

»Und du quietschst und zappelst wie eine Verrückte, hab ich Recht? Kannst du stehen?«

»Ja!«, quietschte Finchen und sprang auf und nieder, um ein bisschen wärmer zu werden.

»Gut«, sagte Finchens Mutter und holte aus dem Schuppen auf der anderen Seite des Hofs Finchens Micky-Maus-Strandeimer. »Jetzt kannst du dich ein wenig vergnügen.«

»Darf ich spritzen?«, fragte Finchen.

»Du darfst so viel spritzen, wie du willst. Dann brauchen wir nachher nur noch das Wasser wegzukehren, und der Hof ist sauber. Spritz nur!«

Und Finchen spritzte. Sie hielt sich oben am Rand des Bottichs fest und ließ mit den Füßen das Wasser hoch aufspritzen. Sie hielt sich an den Beinen fest, setzte sich und ließ sich treiben. Sie füllte den Eimer mit Wasser und warf es im hohen Bogen nach vorn hinaus, dorthin, wo das Tor war. *Plaatsch!* Sie füllte ihn noch einmal und warf es zur Seite hinaus, dorthin, wo das Küchenfenster war. *Plaatsch!*

»Mama! Ich mach auch noch das Küchenfenster sauber!«, rief Finchen.

»Fleißiges Mädchen!«, rief Finchens Mutter. »Ich koche mir noch eine Tasse Tee, und dann komme ich dir helfen.«

Finchen füllte den Eimer wieder und warf das Wasser im hohen Bogen zur anderen Seite hinaus, dorthin wo der Schuppen war.

»Miiiiauuu!«, gellte es verärgert auf. Das war Rotbart. Er hatte auf dem Schuppendach gelegen. Rotbart mochte Wasser nicht. Beleidigt verzog er sich weiter nach oben aufs Dach zurück.

»Entschuldigung!«, rief Finchen. »Aber ich habe doch gar nicht richtig getroffen. Das waren höchstens ein paar Tropfen.« Rotbart kehrte weiter den Beleidigten heraus.

»Ich spritz nicht mehr in deine Richtung, siehst du!«, rief Finchen. Sie füllte den Eimer und warf das Wasser in hohem Bogen über ihren Kopf hinaus nach hinten in Richtung der Gartenmauer.

»Iiiiauuuh!«, gellte eine Stimme hinter der Mauer verärgert auf. Finchen hörte auf zu spritzen.

»Iiiiauuuh!«, gellte es wieder. Eimer und Kisten wurden hin- und hergeschoben. Finchen drehte sich in ihrem Bottich herum und starrte auf die Mauer.

Lenas Lockenkopf tauchte auf. »Hast du mit Wasser herumgespritzt?«

»Ja«, sagte Finchen.

»Das sag ich deiner Mutter.«

»Aber sie hat es mir erlaubt«, sagte Finchen.

»Dann sag ich es meiner Mutter«, sagte Lena. »Du hast nämlich mein Kleid nass gemacht. Und überhaupt, warum stehst du da in einem Fass?«

»Weil es Spaß macht«, sagte Finchen, »und um mich abzukühlen.«

»Das ist doof«, sagte Lena.

»Es ist auf jeden Fall besser, als so ein knallrotes Gesicht zu haben wie du.«

»Ich habe kein knallrotes Gesicht!«

»Hast du wohl!«

»Hab ich nicht!«

»Hast du wohl! Rot wie ein Streichholzkopf.«

»Das sag ich …« Lena fing an zu weinen.

»Stell dich doch nicht so an«, sagte Finchen. »Mein Gesicht war auch ganz rot. Aber jetzt ist mir wieder schön kühl. Frag doch deine Mutter, ob du auch einen Badeanzug anziehen darfst, und ich frage meine Mutter, ob sie den anderen Bottich für dich füllt.«

»Meine Mutter ist drüben bei Frau Bock einkaufen.«

»Dann frag deinen Vater.«

»Der schläft in seinem Sessel.«

»Wenn du vorsichtig fragst, ohne ihn richtig wach zu machen, sagt er Ja.«

Lena verschwand. Finchen sang ein Lied und ließ sich in dem Bottich mit hochgezogenen Knien treiben. Sie wandte das Gesicht zum Himmel, und selbst mit geschlossenen Augen konnte sie noch immer das goldene Licht der Sonne sehen. Nach ein paar Minuten ging die Hintertür auf. Lena kam die Treppe in den Hof hinunter. Sie trug einen rosa Badeanzug und rosa Badesandalen und rosa und grüne Schwimmflügel.

»Warum bist du nicht über die Mauer geklettert?«, fragte Finchen.

»Weil ich mir nicht die Knie aufschürfen will wie du. Du hast immer kaputte Knie.«

»Na und«, sagte Finchen. »Besser als eine Heulsuse zu sein.«

»In dem Bottich hier ist kaum Wasser«, sagte Lena. »Und überhaupt, wie soll ich denn da hineinkommen?«

»Meine Mama macht dir Wasser rein«, sagte Finchen. »Und dann hebt sie dich rein. Mama!«, rief Finchen. »Mama! Lena will auch mitspielen!«

Also spielte Lena mit. Auch sie quietschte und schrie, als Finchens Mutter sie in den Bottich plumpsen ließ. Dann hielt sie sich am Rand fest und hüpfte hoch und runter wie Finchen.

Finchens Mutter ging wieder Tee trinken und sah ihnen durchs Küchenfenster zu.

»Ich kann mich ohne Festhalten treiben lassen. Ich habe nämlich Schwimmflügel«, sagte Lena.

»Kann ich die auch mal haben?«, fragte Lena.

»Nein, kannst du nicht, das sind meine.«

Finchen füllte Wasser in ihren Eimer und warf es mit viel Schwung über den Hof in Lenas Richtung. *Plaaatsch!*

»Spritz mich bloß nicht nass, sonst sag ich es meiner Mama«, sagte Lena.

»Ich muss aber spritzen«, sagte Finchen. »Hat meine Mama gesagt. Und überhaupt habe ich dich nicht nassgespritzt. Ich habe nur in deine Nähe gespritzt.« Sie füllte den Eimer wieder mit Wasser und warf es mit viel Schwung quer über den Hof. *Plaaatsch!* Dieses Mal landete es noch näher bei Lena, es klatschte direkt vor ihrem Bottich auf. Dann warf Finchen nicht mehr mit Wasser. Sie stand in ihrem Bottich und schaute quer über den Hof zu Lena und Lena stand in ihrem Bottich

und schaute quer über den Hof zu Finchen. Sie sagten kein Wort, eine lange Zeit.

»Wehe, du spritzt mir die Haare nass«, warnte Lena Finchen. Lena guckte richtig ängstlich.

Finchen füllte den Eimer.

Lena verkroch sich in ihren Bottich, aber die Locken schauten noch immer oben heraus. »Das ist unfair«, jammerte sie. »Ich habe nichts zum Spritzen!«

Finchen wartete, den gefüllten Wassereimer hielt sie mit beiden Händen.

»Das ist unfair«, sagte Lena noch einmal, mit ganz ängstlicher Stimme.

»Du kannst mit den Händen spritzen«, sagte Finchen. Aber sie wusste, dass es unfair war. »Mama!«, rief sie. »Mama! Kann Lena auch was zum Spritzen haben?«

Finchens Mutter brachte einen Plastikkrug aus der Küche, aber Lena fing an zu weinen.

»Das ist kein richtiger Eimer«, jammerte sie. »Ich möchte mit einem richtigen Eimer spritzen.«

»Lass Lena doch mal mit dem Eimer spielen«, sagte Finchens Mutter. »Sei nett zu ihr.«

»Aber sie hat Schwimmflügel zum Spielen.«

»Mit Schwimmflügeln kann man nicht spritzen«, sagte Lena. »Die sind doof. Ich will überhaupt nicht mit den

Schwimmflügeln spielen.« Sie zog die Schwimmflügel aus und warf sie auf den Boden. »Du kannst die Schwimmflügel haben. Ich will den Eimer!«

Finchens Mutter hob die Schwimmflügel auf, half Finchen beim Anziehen und zwinkerte ihr zu. Dann gab sie Finchen den Plastikkrug und brachte Lena den Micky-Maus-Eimer. »Fangt aber erst an, wenn ich mich in Sicherheit gebracht habe«, sagte sie.

Sie brachte sich in Sicherheit, und die beiden fingen an.

»Du darfst mir aber nicht die Haare nass spritzen«, schrie Lena. »Sonst spiel ich nicht mit.«

Sie spritzten und planschten, sie quietschten und johlten und hüpften und sprangen und zappelten und kreischten, bis kaum noch Wasser in den Bottichen war. Und Finchen hatte Lenas Haare nicht nass gespritzt.

Finchens Mutter kam nach draußen und putzte das Fenster.

»Wir haben kein Wasser mehr«, sagte Finchen. »Bekommen wir noch mal neues?«

»Nachher«, sagte Finchens Mutter. »Schließlich habe ich dich zum Waschen dort hineingesetzt, weißt du noch?« Sie ging ins Haus und kehrte mit Seife und einer Flasche Shampoo zurück und fing an, Finchen von Kopf bis Fuß einzuseifen. »Sing das Seifenblasenlied, Mama, bitte!«, bat Finchen. Das eingeschäumte Haar saß wie ein hoher, spitzer Helm auf ihrem Kopf. Da begann Finchens Mutter zu singen: »Ich blase Seifenblasen…« und Finchen und Lena fielen ein, aber nur Finchen hatte Seifenblasen in ihrem Bottich.

»Ich will mich nicht waschen«, sagte Lena. »Ich bin schon sauber.« Lena war immer sauber. »Und mein Haar muss auch nicht gewaschen werden. Das ist auch sauber.«

»Wie kriegen wir denn den Schaum wieder aus dem Haar?«, fragte Lena. »Mit dem Plastikkrug?« Sie blickte zu Lena, die noch immer den Micky-Maus-Eimer hatte. Finchen wollte ihr Haar unbedingt mit dem Micky-Maus-Eimer ausspülen, aber Lena hielt ihn krampfhaft fest.

»Wart's ab«, sagte Finchens Mutter. »Ich habe eine bessere Idee.« Sie ging ins Haus und kam mit einem großen, weißen Eimer und einem Sieb zurück.

Sie gab Finchen das Sieb. Lena beobachtete die beiden und hielt den Eimer krampfhaft fest.

»Was soll ich damit tun?«, fragte Finchen.

»Halt es über deinen Kopf«, sagte Finchens Mutter. »Nein,

nicht so. Das ist kein Hut. Halte es ganz hoch, so hoch wie du kannst. Und nun mach die Augen zu, damit dir das Shampoo nicht in den Augen brennt.«

Finchen hielt das Sieb so hoch wie sie konnte und machte die Augen zu.

»Meine Augen sind zu!«, rief Finchen. »Aber was machst du...«

Flaaatsch! Ein kalter Schauer ergoß sich über Finchens Kopf.

»Aaah! Mama! Ooooh! Du hast... aaaah!«, Finchen fing an zu lachen. Sie lachte so laut, dass sie nicht mehr stehen konnte und sich am Bottich festhalten musste. Finchens Mutter lachte auch, weil Finchens Gesicht unter dem klatschnassen Haar fast verschwunden war.

Lena beobachtete die beiden und hielt den Eimer krampfhaft fest.

»Noch mal!«, rief Finchen. »Bitte, mach das noch mal!«

Finchens Mutter füllte den Eimer noch mal mit Wasser. Und Finchen hüpfte und planschte und kicherte wieder mit dem nassen Haar im Gesicht.

»Ich möchte auch so eine Dusche wie Finchen«, hörte sie da Lena sagen.

Aber Lena konnte doch nicht duschen. Sie hatte die Locken vergessen!

Finchen riss die Augen auf. Aber sie konnte durch den Vorhang ihrer nassen Haare nichts sehen. Finchen strich sich die Haare aus dem Gesicht und schaute zu Lenas Bottich rüber. Lena hielt das Sieb hoch über den Kopf und kniff die Augen fest zusammen. Finchens Mutter hob den Eimer.

»Nicht!«, rief Finchen. »Mama! Nein!«

Der kalte Schauer klatschte auf Lenas blonde Locken. Und die Locken rollten sich auf und hingen Lena nass ins Gesicht. Lena lachte und kicherte. Finchens Mutter lachte auch. Finchen lachte nicht. Sie stand in ihrem Bottich, hielt sich am Rand fest und wartete darauf, dass es Lena wieder einfiel.

Und Lena fiel es wieder ein.

»Aaaaaaaaah!«, schrie Lena. »Ooooooooh! Aaaaaaaaah! Meine Locken!«

»Du hast keine Locken«, sagte Finchens Mutter. »Wenigstens jetzt nicht mehr.«

Lena schrie und heulte und jammerte und weinte. Die Tränen konnte man gar nicht erkennen, denn noch immer rann ihr das Wasser in Strömen aus den Haaren, aber ihr Gesicht war ganz rot und verzerrt.

»Aaaaaaaaaah!«, schrie Lena. »Huhuhuuuuuuu!«

»Was hat sie denn?«, schrie Finchens Mutter über den Lärm hinweg. »Es trocknet doch wieder.«

»Sie war beim Friseur«, rief Finchen. »Lena, halt jetzt den Mund!«, rief sie dann. »Wenn deine Mutter zurückkommt und dich so schreien hört, kommt sie gucken. Und dann bekommst du Ärger.«

Lena hörte auf zu schreien.

»So ist es besser«, sagte Finchens Mutter. »Dann kommt jetzt beide mal da raus und wir trocknen Lena das Haar.«

Finchens Mutter hob Lena und Finchen aus den Bottichen. Dann trocknete sie Lenas Haar mit einem Handtuch und kämmte es. Manchmal tut das Kämmen weh, wenn das Haar nass und durcheinander ist. Aber Finchens Mutter fing immer unten zu kämmen an, so dass es kaum weh tat, und Lena hielt den Mund, vor lauter Angst, ihre Mutter könnte sie entdecken. Sie weinte zwar noch

57

immer, aber es war kaum zu hören. Manchmal ertönte leises Gejammer und dann wieder kleine, schluchzende Klagelaute.

Finchens Mutter brachte einen Küchenstuhl nach draußen und setzte Lena in den sonnigsten Teil des Hofs.

»In spätestens fünf Minuten ist dein Haar wieder trocken«, sagte sie. »Mach dir keine Sorgen.«

Lena saß auf dem Stuhl in der Sonne, während Finchens Mutter das Küchenfenster mit einem Leder blank polierte. Finchen hatte sich Stiefel angezogen und schrubbte den Hof mit dem Seifenwasser aus ihrem Fass. Immer mal wieder schniefte Lena und jammerte leise vor sich hin. Als Finchen den Besen wegräumte und Finchens Mutter das Fenstertuch zur Seite legte, war auch Lenas Haar getrocknet.

»Ist es trocken?«, fragte Lena.

»Ja«, sagte Finchen, »aber...«

»Ja, es ist trocken«, sagte Finchens Mutter, »aber...«

Lena hörte auf zu weinen und lächelte. Dann tastete sie nach dem Haar.

»Aaaaaah!«, schrie sie. »Meine Locken sind weg! Ihr habt meine Locken weggemacht! Mein Haar ist ja glatt! Aaaaaaah!«

»O nein!«, sagte Finchen.

»Ach du meine Güte«, sagte Finchens Mutter. Sie standen im Hof und starrten Lenas Haar an. Eigentlich war es nicht richtig glatt, aber es war auch nicht lockig. Es hing in gelben Strähnen herunter, die unten ganz fusselig und gewellt waren.

»Was ist mit Lenas Locken passiert?«, flüsterte Finchen.

»Sie hat eine Dauerwelle«, flüsterte Finchens Mutter.

»Was ist eine Dauerwelle?«, fragte Finchen.

»Bei einer Dauerwelle gibt der Friseur ein besonderes Mittel auf das Haar. Das macht, dass das Haar sich wellt und die Locken ganz lange halten.«

»Meine Mama hat aber gesagt, ich soll das niemandem sagen«, jammerte Lena.

Finchen hörte Lena überhaupt nicht zu. Sie wollte alles über Dauerwellen wissen.

»Riecht das eklig?«,

»Ja, ein bisschen.«

Finchen erinnerte sich, wie grässlich Lena gerochen hatte, als sie vom Friseur nach Hause gekommen war.

»Dann hat sie eine Dauerwelle bekommen«, sagte Finchen. »Und warum ist ihr Haar jetzt nicht lockig?«

»Weil deine Mutter es nass gemacht hat!«, schrie Lena. »Wenn man es nass macht, muss man das Haar erst wieder auf Wickler drehen.«

»Das ist ja doof«, sagte Finchen. »Da hast du eine Dauerwelle und musst trotzdem noch die Haare aufdrehen.«

»Das ist überhaupt nicht doof«, schrie Lena, »weil die Locken so lange halten, bis du das Haar wieder wäschst. Und jetzt müsst ihr mir die Haare aufdrehen und Haarspray drauf sprühen, oder meine Mutter findet alles heraus und dann gibt's Ärger!«

Finchens Mutter blickte Finchen an und Finchen blickte ihre Mutter an. Sie hatten kein Haarspray. Und sie hatten auch keine Lockenwickler.

»Wir gehen besser ins Haus und überlegen, was wir da machen können«, sagte Finchens Mutter.

Sie gingen alle rein. Lena setzte sich auf einen Stuhl.

»Du bringst mir den Föhn runter«, sagte Finchens Mutter zu Finchen. »Und ich hole das Haarspray.«

Sie zwinkerte Finchen zu.

Finchen brachte den Föhn nach unten, setzte sich und ließ ihre Mutter nicht mehr aus den Augen.

Finchens Mutter tauchte den Kamm in eine Plastikschale mit Wasser und kämmte eine Strähne von Lenas Haar, wickelte sie so oft es ging um ihren Finger und trocknete sie mit dem Föhn. So machte sie es auch mit Finchens Haaren, wenn Finchen Locken wollte. Diese Locken waren toll, aber sie waren nicht so steif und fest wie Lenas. Was würde passieren, wenn Lena herausfand, dass sie kein Haarspray hatten? Finchens Mutter musste ein wenig geflunkert haben, als sie sagte, dass sie Haarspray hole, denn sie hatte Finchen dabei zugezwinkert.

Als Finchens Mutter fertig war und Lena den ganzen Kopf voller Locken hatte, wartete Finchen gespannt darauf, was weiter geschah.

»Jetzt muss noch Haarspray drauf«, sagte Lena, »wie beim Friseur.«

»In Ordnung«, sagte Finchens Mutter. »Mach die Augen zu.«

Finchen sah, wie Lena die Augen schloss. Dann sah sie, wie ihre Mutter die leere Hand hob, so tat, als drücke sie mit dem Finger etwas nieder und »Ssssssssss!«, sagte. »Ssssssssssss! Ssssssssss! Voilà! Fertig!«

»Ich habe aber nichts gemerkt«, sagte Lena.

»Das soll man ja auch nicht merken«, sagte Finchens Mutter. »Ich habe sehr gut aufgepasst.«

»Ich rieche aber auch nichts«, sagte Lena.

»Ich weiß«, sagte Finchens Mutter. »Du riechst nichts, weil das ein Zauberhaarspray ist, das nicht riecht. Willst du dich anschauen?«

Finchen machte sich Sorgen. Wenn Lena sich die Locken anschaute, dann würde sie sie auch bestimmt anfassen wollen.

»Ja, ich möchte mich sehen«, sagte Lena. »Meine Locken müssen genauso aussehen wie vorher, sonst bekomme ich Ärger.«

Finchen machte sich große Sorgen.

Finchens Mutter hob Lena hoch und zeigte ihr die Locken im Spiegel.

»Sie sehen fast genauso aus«, sagte Lena, »nur ...«

Finchen hielt die Luft an.

»Nur was?«, fragte Finchens Mutter.

»Nur ein bisschen schöner«, sagte Lena und tastete vorsichtig mit der Hand nach den Locken.

Finchen schloss die Augen.

»Und sie sind schön steif«, sagte Lena. »Ich hol mir noch rasch die Schwimmflügel, und dann gehe ich heim!«

»Warte!«, rief Finchen und sprang auf. »Lena, warte!«

»Was ist?«, fragte Lena.

»Ich möchte mal deine Locken anfassen«, sagte Finchen. »Nur ganz kurz, ja?«

»Na gut, wenn du willst«, sagte Lena. »Aber sei bloß vorsichtig, dass du mir die Frisur nicht kaputtmachst, sonst muss deine Mutter wieder von vorne anfangen.«

Finchen war ganz vorsichtig. Mit nur einem Finger berührte sie eine Locke, und die Locke war so steif und fest wie Puppenhaar. Sie berührte eine andere Locke und noch eine, und sie waren alle so steif und fest wie Puppenhaar. Lena holte die Schwimmflügel und ging heim.

»Mama, machst du mir auch Locken für das Fest im Park morgen?«, fragte Finchen, als Lena fort war.

»Mache ich«, sagte Finchens Mutter.

»Mit Zauberhaarspray?«, fragte Finchen.

»Du magst es doch gar nicht, wenn das Haar so steif und so fest ist wie Puppenhaar«, sagte Finchens Mutter.

»Das nicht, aber ich mag Zauberhaarspray.«

»Dann verrate ich dir ein Geheimnis«, sagte Finchens Mutter. »Du kannst Geheimnisse doch für dich behalten, oder?«

»Ja«, sagte Finchen. »Das kann ich gut.«

»Dann verrate dieses bitte auch nicht«, sagte Finchens Mutter und flüsterte Finchen ins Ohr: »Das Wasser, mit dem ich

Lenas Haar feucht gemacht habe, war reinstes Zuckerwasser. Darum ist das Haar nach dem Trocknen steif und fest geworden.«

Finchen lächelte. »Dann möchte ich meine Locken doch lieber nur mit Wasser gemacht haben. Wenn du das Zauberhaarspray darauf sprühst, bleiben sie schön weich.«

»Das ist eine sehr gute Idee«, sagte Finchens Mutter. »Und mit meinem Haar muss ich das Gleiche machen. Aber wir fangen damit besser erst morgen an. Wir haben schließlich keine Dauerwelle wie Lena. Darum halten unsere Locken nicht so lange. Aber das ist auch ein Geheimnis.« Sie legte ihren Finger auf Finchens Mund. »Wir dürfen niemandem verraten, dass Lenas Locken keine Naturlocken sind. Das wäre gemein. Versprichst du es mir?«

»Ich verrate es niemandem«, sagte Finchen. »Versprochen.«

Beim nächsten Mal, als Finchen und Lena draußen spielten, bekamen die beiden Streit. »Und überhaupt, ich bin besser als du, ich habe nämlich Locken!«, behauptete Lena wie immer. Finchen machte den Mund auf, um ihr zu antworten. Aber dann schloss sie ihn wieder. Sie wollte Lena nicht verletzen, denn Lena war ihre beste Freundin.

Finchen und das Fest im Park

Am Sonntagmorgen, am Tag des Festes im Park, wachte Finchen Schmidt ganz früh auf. So früh, dass noch überhaupt keine Morgengeräusche zu hören waren. So früh, dass alles im Haus noch schlief. Aber es war schon Morgen. Finchen wusste, dass es Morgen war, denn wenn sie schnupperte, konnte sie den Morgen vor dem Fenster riechen. Licht drang durch den Vorhang. Es war fast so aufregend wie Weihnachten. Und wenn es so aufregend ist, dauert es ewig und ewig und ewig, bis man endlich aufstehen darf. Finchen stand aber einfach auf. Sie schlüpfte ganz leise aus dem Bett und deckte Percy sorgfältig wieder zu, denn er war noch ganz schläfrig. Dann warf sie einen kurzen Blick auf ihre neuen blauen Sandalen, die noch im Seidenpapier in der Schachtel lagen und auf den Nachmittag warteten, krabbelte hinter den Vorhang und setzte sich aufs Fensterbrett, um sich draußen den Tag anzuschauen.

Es war noch gar nicht richtig hell. Der hintere Teil des Hofs lag noch im Halbdunkel, und die Schieferdächer der Häuser dahinter schimmerten in tiefschwarzer Reglosigkeit, Reihe um Reihe um Reihe, den ganzen Hügel hinauf. Oben hinter der letzten Häuserreihe erhob sich der Hügel mit dem Turm auf dem Gipfel, und darüber erstreckte sich ein blass rosafarbener Himmel. Weiter oben zeigte sich der Himmel mit ein paar funkelnden Sternen noch im Nachtgewand. Vor Aufregung hatte Finchen Bauchkribbeln. Sie sah Rotbart auf der Hofmauer spazieren. Im Sommer, bei schönem Wetter, spielte Rotbart oft die ganze Nacht draußen. Finchen öffnete das Fenster.

»Rotbart! Rotbart! Komm rein! Dann erzähle ich dir von dem großen Fest im Park.«

Als Rotbart ihre Stimme hörte, sprang er von der Mauer und wartete an der Küchentür.

Finchen schlich nach unten, ließ ihn herein und gab ihm etwas zu fressen.

»Finchen!«, ertönte die Stimme von Finchens Mutter aus dem Schlafzimmer. »Was tust du da unten um diese Uhrzeit?«

»Nichts!«

»Marsch zurück ins Bett!«, rief Finchens Mutter, »sonst darfst du heute nicht zum Fest im Park.«

Finchen ging zurück ins Bett. Aber sie war viel zu aufgeregt, um wieder einschlafen zu können. Sie kuschelte sich eng

an Percy, schmiegte ihr Gesicht an seinen großen, wuscheligen Kopf, schnupperte ein wenig an seinem Fell und flüsterte ihm dann all das ins Ohr, was sie auf den Plakaten in den Fenstern der Geschäfte gelesen und behalten hatte:

Feierliche Eröffnung um 14.00 Uhr
Rede des Bürgermeisters
Trödelmarkt
Hausgemachte Kuchen und Marmelade
Spiel und Spaß
Talentwettbewerb für Kinder unter 10 Jahren
Karussells und Schaukeln

Und ich ziehe die neuen, blauen Sandalen an, Percy. Ach, wenn du doch nur mitkommen könntest. Aber es gibt leider keinen Preis für den besten aller Pandabären. Wenn es doch nur schon Zeit zum Aufstehen wäre.«

Aber es war noch nicht Zeit zum Aufstehen.

»Percy? Soll ich dir das Gedicht von gestern aufsagen, das von Stefans Vater? Er hat es gedichtet, als wir zusammen zum Fischen gegangen sind. Ich kann es schon auswendig. Es fängt so an: ›Ich ging hinaus zum Haselwald…‹«

Finchen erzählte Percy alles von dem kleinen Silberfisch, der sich in ein Mädchen verwandelt hatte. Sie blieb kein einziges Mal stecken, nicht einmal, als sie zu dem schwierigsten Teil kam, dem mit dem hohlen und dem hohen Land. Als sie das Gedicht zu Ende aufgesagt hatte, schliefen Finchen und Percy wieder ein, und als sie aufwachten, war es richtig Morgen und Zeit zum Frühstücken.

Finchen saß den ganzen Vormittag vor der Haustür und zeichnete. Die Sonne kam hervor und mit ihr die ersten wärmenden Strahlen, aber Lena kam nicht raus zum Spielen.

Lena war mit ihrer Mutter zum Friseur gegangen, und als sie zurückkamen, mit ganz steifem, parfümiertem Haar, da sagte Lenas Mutter: »Unsere Lena muss noch für den Talentwettbewerb üben.« Damit verschwanden sie im Haus.

Finchen stand von der Türschwelle auf und ging rein.

»Mama? Lena macht beim Talentwettbewerb mit. Kann ich da auch mitmachen?«

»Wenn du möchtest«, sagte Finchens Mutter, die gerade die Kartoffeln stampfte.

»Aber was soll ich machen?«, fragte Finchen. »Ich kann nicht gut singen.«

»Dann führ doch einen Tanz vor«, sagte Finchens Mutter. »Einen, den du im Ballettunterricht gelernt hast.«

»Da lernen wir keine richtigen Tänze«, sagte Finchen. »Da üben wir nur Positionen und Knie beugen und Fuß strecken. Das kann ich nicht vorführen.«

»Wasch dir das Gesicht und die Hände«, sagte Finchens Mutter. »Das Essen ist fertig. Du willst doch nicht zu spät kommen, oder?«

Finchen wusch sich die Hände und das Gesicht und versuchte etwas zu essen. Aber vor lauter Kribbeln im Bauch brachte sie kaum etwas herunter. Als ihre Mutter einen Augenblick nicht hinschaute, fütterte sie Rotbart unter dem Tisch mit dem Fleisch von ihrem Teller.

Danach badete Finchen mit ein wenig Badeschaum von ihrer Mutter. Dann zog sie saubere Unterwäsche und die neuen weißen Söckchen für die neuen blauen Sandalen an.

»Mama, darf ich heute wirklich mein bestes Kleid anziehen?«

»Ja«, sagte Finchens Mutter. »Aber pass auf, dass du nicht irgendwo hängen bleibst und einen Riss reinmachst. In diesem Jahr nähe ich kein neues Kleid mehr für dich.«

Finchens bestes Kleid war ein weißes Musselinkleid mit kleinen roten und blauen Samtvierecken. Ein schmales, blaues Samtband mit einer kleinen Schleife und einem Druckknopf diente ihr als Gürtel. Als die Mutter Finchen das raschelnde Kleid über den Kopf zog, überlief sie vor lauter Aufregung eine Gänsehaut, denn sie mochte das Kleid sehr. Finchen schloss die Augen und sog den frischen Geruch des duftigen Stoffes ein, als das Kleid über ihr Gesicht glitt.

»Zieh die Strickjacke an«, sagte ihre Mutter.

»Ooooch, Mama!«

»Zieh die Strickjacke an. Oder willst du, dass dein Kleid schmutzig ist, bevor wir den Park überhaupt erreichen? Du würdest schön dastehen auf der Bühne bei dem Talentwettbewerb, vollgekleckert mit Eis oder sonstwas.«

»Ist da wirklich eine Bühne?«, fragte Finchen, während ihre Mutter die blaue Strickjacke bis zum obersten Knopf zuknöpfte, um das Kleid vor Flecken zu schützen.

»Ich glaube schon. Warum führst du nicht einen der Tänze vor, die ihr für das Schulkonzert gelernt habt? Wir können deine Ballettschuhe ja mitnehmen. Sie passen gut zu den roten Vierecken auf deinem Kleid.«

»Die Ballettschuhe! Wir nehmen die Ballettschuhe mit!«

»Beruhige dich wieder!«, sagte Finchens Mutter. »Hör mal, willst du wirklich deine neuen Sandalen anziehen? Wenn du sie anziehst, dann darfst du nicht auf Bäume klettern oder mit Gerrit und Robert Fußball spielen oder auf dem Rasen herumrennen. Der wird nach dem stürmischen Wetter noch immer patschnass sein.«

»Aber wo soll ich dann herumlaufen? Im Park ist doch nur Rasen«, sagte Finchen.

»Du bleibst hübsch auf dem Weg, bei mir und deiner Oma und Lenas Eltern und Lena.«

Finchen runzelte die Stirn und dachte nach. Sie dachte an die blauen Sandalen, die so hübsch und noch ganz neu aussahen. Dann malte sie sich aus, wie es wäre, auf dem Weg mit Lena bleiben zu müssen, wenn alle anderen auf der Wiese spielten. Sie dachte an ihre guten alten Gummistiefel und tastete nach dem Samtbesatz auf ihrem Kleid. Dann traf sie ihre Entscheidung.

»Ich ziehe die Gummistiefel an«, sagte sie, »und spiele lieber mit den anderen Kindern auf der Wiese. Und für den Talentwettbewerb ziehe ich die Jacke und die Gummistiefel aus und tanze in den Ballettschuhen.«

Die neuen blauen Sandalen blieben im Seidenpapier in der Schachtel, und Finchen und ihre Mutter gingen zum Park. Lena und ihre Eltern verließen zur gleichen Zeit das Haus. Finchen blieb vor dem Nachbarhaus stehen, um Lenas Kleid zu betrachten. Es war blassrosa, wie der Morgenhimmel, und der Rock bauschte sich wie ein kleiner Ballon.

»Mein Kleid ist neu«, sagte Lena, »deins aber nicht.«

Finchen öffnete den Mund. »Ich habe dafür neue Schuhe, ätsch bätsch!«, wollte Finchen sagen. Wortlos schloss sie den Mund wieder, weil ihr einfiel, dass sie die Sandalen gar nicht angezogen hatte.

»Ich habe aber mein bestes Kleid an«, sagte Finchen.

»Es ist aber nicht neu«, sagte Lena. »Es ist alt. Ich habe es schon tausendmal gesehen.«

»Hast du nicht.«

»Hab ich wohl.«

»Hast du nicht! Meine Mama erlaubt mir ja gar nicht, es so oft anzuziehen, weil es nur für besondere Gelegenheiten ist.«

»Na und? Ist doch ganz egal? Es ist ein grässlich gepunktetes Kleid, und es sieht aus, als ob es die Masern hätte.«

Sie gingen gemeinsam die Straße hinunter. Weiter unten wartete Finchens Oma, um sich ihnen anzuschließen.

Alle gingen in den Park. Gerrit Graf und Robert Becker und Roberts kleine Schwester und Jakob Kunstmann mit seinem Fahrrad und Stefan Schneider und sein Vater und die Kinder aus der Albertstraße.

Sie gingen die Hauptstraße bis zur Ampel hinunter, den steilen Hügel zum Bahnhof hoch und schließlich die Straße neben den Gleisen entlang, vorbei an den leer stehenden Fabriken mit den Furcht einflößenden Schornsteinen, bis zum Park.

Eine Kapelle in prachtvollen Uniformen spielte den Besuchern auf. *Bum! Bum! Bum!,* machte die große Trommel. Rote und weiße Fähnchen flatterten im Sommerwind. Es duftete nach kühlem Gras und kandierten Äpfeln. Es gab blaue und gelbe Schiffschaukeln und rufende Menschen und Sägemehl und Stände mit Kuchen und hausgemachten Marmeladen und Luftballons und kleine Spieläffchen, die eine Stange hochkletterten, und ein großes Zelt und einen Platz für Wettspiele. Finchen war so aufgeregt, dass sie kaum noch Luft bekam. Die Brust tat ihr weh, und in ihr drin konnte sie die große Trommel hören: *Bum! Bum! Bum!*

Kaum hatten sie den Park betreten, da ermahnte Lenas Mutter Lena: »Denk daran, was ich dir gesagt habe. Fang erst gar nicht an.«

Und sofort fing Lena an: »Kann ich ein Eis haben? Kann ich

auf die Schiffschaukel? Kann ich einen kandierten Apfel haben? Kann ich einen Luftballon haben? Kann ich...?«

»Was habe ich dir wegen der Bettelei gesagt?«, schimpfte Lenas Mutter. Dann gab sie Lena Geld, und Lena kaufte sich ganz viele Sachen. Ein Luftballon mit Ohren war auch dabei.

»Mama?«, fragte Finchen ganz vorsichtig.

»Fang du nicht auch noch an«, sagte Finchens Mutter. Und Finchen fing nicht an. Sie wollte gar nicht so viele Sachen wie Lena, aber sie hätte gern einen Luftballon gehabt. Keinen mit Ohren. Den fand sie kindisch. Aber da gab es auch silberne

und goldene Luftballons. Solche hatte sie noch nie gesehen. Sie glänzten im Sonnenlicht, und Finchen blieb ein wenig zurück, um sie sich anzuschauen.

»Hier bitte, Kleines. Ich seh schon, welche dir gefallen.« Der Luftballonmann hielt ihr die goldenen und silbernen Ballons an den Schnüren hin. »Welchen willst du denn?«

Finchen holte tief Luft. »Keinen, danke«, sagte sie mit trauriger Stimme.

Der Luftballonmann drehte sich um und verkaufte einer Frau mit einem Baby im Kinderwagen einen Luftballon mit Ohren. Die Frau band den Luftballon am Kinderwagen fest, und das Baby lachte und zeigte darauf.

»Finchen? Finchen!« Die anderen waren schon ziemlich weit voraus. Finchens Oma war zurückgegangen, um sie zu holen. »Wir wollen doch nicht, dass du dich verläufst, oder?«

»Nein, das wollen wir nicht«, sagte Finchen.

»Was hast du denn?«

»Nichts«, sagte Finchen und schaute auf die goldenen und silbernen Luftballons, die im Sonnenlicht glitzerten.

»Dann lauf vor zu deiner Mama, sonst glaubt sie noch, wir hätten dich verloren. Mach schon. Ich bin zu alt, um zu rennen. Ich komme nach.«

Finchen rannte zu ihrer Mutter. Lena bettelte noch immer: »Kann ich den chinesischen Hund haben? Kann ich das rosa T-Shirt haben? Kann ich noch ein Eis haben?«

Als Finchens Oma sie wieder eingeholt hatte, fragte sie: »Alles in Ordnung mit dir?«

»Ja«, sagte Finchen.

»Dann ist es ja gut«, sagte Finchens Oma. »Hast du die Augen zusammengekniffen, als du geantwortet hast?«

»Ja«, sagte Finchen.

»Du willst doch wohl nicht so ein dummes Zeug, wie Lena sich gekauft hat, oder?«

»Nein«, sagte Finchen mit halb zugekniffenen Augen.

»Sag mir ins Ohr, was du wirklich magst«, sagte Finchens Oma. »Das ist nicht gebettelt, ich habe dich ja gefragt.«

Finchens Oma beugte sich nach unten, und Finchen flüsterte: »Einen Luftballon.«

»Nein!«, rief Finchens Oma. »Das kann ich nicht glauben! Einen rosa Luftballon mit Ohren, wie Lena einen hat?«

»Nein«, sagte Finchen noch immer flüsternd. Sie runzelte die Stirn und erklärte mit ernster Miene: »Einen silbernen…«

»Ach so, natürlich, das versteh ich gut«, sagte Finchens Oma. »Einen silbernen. Die sind wirklich hübsch. Goldene sind natürlich auch sehr schön. Fast hätte ich mir selbst einen gekauft, aber eine alte Frau wie ich kann unmöglich mit einem Luftballon herumspazieren. Was denken da die Leute?«

»Ich könnte ihn für dich tragen«, sagte Finchen und sah ihre Oma fest an. »Zu Hause gebe ich ihn dir zurück.«

»Das ist eine gute Idee«, sagte Finchens Oma. »Und wenn ich heute Abend heimkomme, kann ich ihn ans Fußende von meinem Bett binden, dann sehe ich ihn gleich, wenn ich morgen früh aufwache. Ist das eine gute Idee?«

»Ja, aber der Luftballonmann ist ganz weit dahinten, und die Luftballons kosten viel Geld«, sagte Finchen besorgt.

»Wir sind gleich wieder da«, sagte die Oma zu Finchens Mutter. »Finchen muss mir mal eben helfen.«

»Soll ich zurückrennen und einen Luftballon für dich kaufen, Oma?«, fragte Finchen.

»Na ja, du hast gesagt, dass sie so teuer sind... Ich habe gerade überlegt, ob wir nicht mal in meiner Zaubertasche nachsehen sollen. Was meinst du?«

»Na gut«, sagte Finchen und beobachtete dabei all die Kinder, die zur Schiffschaukel liefen und mit silbernen Luftballons winkten. Wahrscheinlich gab es schon keine mehr. »Aber...«

»Du glaubst, in meiner Tasche ist nichts? Wir haben bisher noch immer etwas gefunden.«

»Ich weiß.« Normalerweise fand Finchen Bonbons in der Tasche. Einmal waren es Fähnchen für die Sandburg am Strand. Aber Fähnchen sind klein. Ein Luftballon passt in keine Handtasche, nicht einmal in eine Zauberhandtasche. Aber Finchen wollte ihre Oma nicht enttäuschen, und so tastete sie mit geschlossenen Augen in der Handtasche herum, die sie ihr offen hinhielt.

»Was fühlst du«, fragte sie.

»Deinen Geldbeutel«, sagte Finchen, »deine Puderdose und deine Schlüssel.«

»Ist das alles? Sonst nichts?«

»Sonst ist da nichts, nur noch ein Stück Schnur.«

»Schnur? Das kann nicht sein«, sagte Finchens Oma. »Ich habe keine Schnur in meiner Handtasche. Wozu auch?«

»Ich weiß nicht«, sagte Finchen. »Aber Gerrit hat immer Schnur in seiner Hosentasche, und ich weiß auch nicht, wozu.«

»Dann hol die Schnur aus der Tasche und schenk sie Gerrit. Ich will keine Schnur in meiner besten Zaubertasche.«

Finchen zog an der Schnur. Sie zog und zog. »Ich kann das andere Ende nicht finden«, sagte sie.

»Aber irgendwo muss es doch sein«, sagte Finchens Oma. »Es gibt keine Schnur mit nur einem Ende. Zieh weiter!« Die Leute blieben stehen und sahen lachend zu, wie Finchen an der Schnur zog und zog.

»Oma, sie geht deinen Ärmel hoch und nach hinten auf deinen Rücken!« Finchen rannte um ihre Oma herum. Und da fand sie das andere Ende der Schnur. Ein silberner Ballon hing daran und war ihnen die ganze Zeit gefolgt. Alle lachten. »Was habe ich dir gesagt? Eine alte Frau wie ich und ein Luftballon! Sieh nur, wie sie alle lachen!«

»Ich trage ihn für dich, Oma«, sagte Finchen. Dann gingen sie schnell weiter, um die anderen wieder einzuholen.

Als Lena den silbernen Luftballon sah, fing sie sofort wieder an: »Ich will auch so einen silbernen Luftballon wie Finchen.«

Und als ihre Mutter Nein sagte, weil sie schon einen Luftballon hatte, da ließ Lena ihn platzen und trampelte darauf herum, und Lenas Mutter gab Lena Geld für einen silbernen Luftballon.

»Los kommt!«, rief Stefan, der die Nase von Lena voll hatte. »Wir machen bei den Wettspielen mit!« Und er rannte los, quer über die Wiese. Jakob, Gerrit, Robert und Roberts kleine Schwester und Finchen rannten hinter ihm her, quer über das nasse Gras, das langsam in der Sonne trocknete.

Roberts kleine Schwester hielt den Luftballon für Finchen, während Finchen und Stefan das Drei-Bein-Rennen gewannen und jeder als Siegespreis einen Paradiesapfel bekam. Finchen schmierte sich mit dem roten Kandis das Gesicht voll, und als sie hineinbiss, fiel ihr auch ein Stückchen in den Ärmel der Strickjacke. Aber als sie an sich herabschaute und ihr bestes Kleid kontrollierte, war es noch sauber und schön anzusehen.

Danach band Finchen den silbernen Luftballon an einen Rhododendronbusch, während sie beim Tauziehen mitmachte. Finchens Mannschaft verlor. Auf der Seite, die gewann, fielen all die Kinder von der Albertstraße in den Schlamm. Wie Dominosteine warf der Vordermann das hinter ihm stehende Kind um. Finchens Mannschaft konnte nicht dagegenhalten, sie stolperte vorwärts durch eine große Schlammpfütze.

»O nein«, schrie Finchen und versuchte, nicht zu fallen. Doch sie stolperte und stürzte. *Platsch!*

»O nein«, schrie Jakob, der vor Finchen gestanden hatte. Finchen hatte ihn umgeworfen. Und es war Jakob, der mit einem lauten Platscher in den Schlamm plumpste, Finchen war auf Jakob gelandet und Gerrit auf Finchen, und alle anderen fielen auf Gerrit, nur Roberts kleine Schwester nicht. Die hatte ganz hinten gestanden und ließ das Seil einfach los. Gerrit fing an zu weinen.

»Halt den Mund, Grafilein«, befahl Jakob, und Gerrit Graf heulte nur noch lauter.

»Sei doch nicht so eine Heulsuse«, sagte Finchen. Sie kontrollierte ihr bestes Kleid. Es war noch immer sauber.

Nach den Wettkämpfen war ihnen heiß, und sie hatten Durst. Stefans Vater kaufte ihnen allen ein Eis, zwei große Kugeln in ei-

nem Waffelhörnchen. In der Sonne schmolz das Eis schneller, als sie schlecken konnten. Ein bisschen tröpfelte Finchen in den Ärmel, und ein kleines Stückchen Erdbeereis löste sich vom Hörnchen und fiel herunter. Das meiste davon landete glücklicherweise auf Finchens Stiefel, und als sie an sich herunterschaute, war ihr bestes Kleid noch immer sauber.

»Kommt, wir machen einen Boxkampf«, sagte Gerrit.

»Ich boxe nicht mit«, sagte Finchen. »Ich muss aufpassen, dass mein bestes Kleid sauber bleibt. Ich nehme nämlich am Talentwettbewerb teil. Lena auch.«

»Da mach ich auch mit«, sagte Gerrit, weil er immer alles nachmachte, was Finchen tat.

Da rief jemand: »Kommt, wir spielen Verstecken. Gerrit muss als Erster suchen!«

Also spielten sie Verstecken, und Finchen versteckte sich so gut im Rhododendronbusch, dass Gerrit sie einfach nicht finden konnte. Schließlich kam sie freiwillig heraus, weil die anderen schon Fangen spielten.

Dann hörten sie eine Durchsage, die die

Musik der Kapelle übertönte: »Alle Kinder, die am Talentwettbewerb teilnehmen möchten, kommen bitte zum Kuchenzelt.«

Finchen rannte zu dem großen Zelt, und Gerrit rannte hinter ihr her.

Als sie ankam, war ihr heiß und sie schnappte nach Luft.

Dann fiel es ihr plötzlich ein: Der silberne Luftballon! Sie rannte den ganzen Weg zurück. Der silberne Ballon hing noch immer an dem Zweig des Rhododendronbusches. Niemand hatte ihn gestohlen. Noch schneller als zuvor rannte sie zurück zum Zelt. »Uff!«, schnaufte Finchen.

»Nennt der Dame da vorn an dem Tisch bitte alle eure Namen«, sagte ein sehr großer Mann.

Auf dem Tisch stand eine Vase mit Dahlien. Da saß aber gar keine Dame, da saß nur Jakobs Mutter.

Sie schrieb Finchens Namen auf. »Was wirst du uns denn vorführen, Finchen? Singst du wie Lena?«

»Nein«, sagte Finchen. »Ich kann nicht gut singen. Ich werde einen Balletttanz zeigen.«

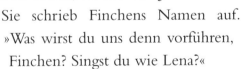

»Das ist aber schön«, sagte Frau Kunstmann. »Und hast du deine Musik mitgebracht?«

»Ja...«, sagte Finchen und hoffte, dass sie sich noch an die Musik erinnern konnte.

»Dann gib sie mir«, sagte Frau Kunstmann.

Finchen starrte sie an und wusste nicht, was sie sagen sollte. Wie sollte sie Frau Kunstmann die Musik geben, wo sie doch in ihrem Kopf war?

»Ich muss bis drei zählen«, sagte Finchen. Sie schaute Frau Kunstmann viel sagend an und erklärte ihr, dass noch zwei Feen vor ihr gingen. »Da ist auch noch eine Feenkönigin, aber die schläft, und die Feen gehen auf Zehenspitzen um die Feenkönigin und bestreuen sie mit Zauberflitter.«

»Fein, Lena«, sagte Frau Kunstmann. »Ich sage dem Pianisten, dass er für dich etwas Schönes spielt. Willst du deinen Luftballon so lange hier lassen?«

»Ja, gerne«, sagte Finchen. »Der Luftballon gehört meiner Oma, und ich muss gut auf ihn aufpassen.«

»Bei mir ist er in Sicherheit«, sagte Frau Kunstmann und band ihn an ihrem Stuhl fest.

Finchen blickte sich um. Hinten im Zelt stand ein langer Tisch. Da gab es Kaffee und Kuchen und Tee. Frauen standen dort und unterhielten sich oder hatten sich gesetzt und tranken Kaffee. Ihre Oma war auch da und Frau Bock vom Laden an der Ecke. In der Mitte standen einige Leute, und auf der anderen Seite befand sich eine kleine Bühne. Auf der Bühne stand noch ein Tisch und auch eine Vase mit Dahlien. Zwei Männer und zwei Frauen saßen daran. Neben ihnen saß ein Mann mit weißem Haar. Er trug eine prächtige Kette. Das musste der Bürgermeister sein, Finchen kannte das Gesicht von all den Plakaten. Direkt neben der Bühne, dort, wo die Treppe hinaufführte, stand das Klavier. Da saß aber gar kein Pianist, sondern Frau Ansorge von der Vorschulklasse. Im Zelt war es heiß. Es roch nach Schweiß und nach Wiese.

Der große Mann ging die Stufen hinauf nach vorn auf die Bühne.

»Und nun, meine Damen und Herren, wird Lena für uns das Seifenblasenlied singen.«

Alle klatschten, und Frau Ansorge begann zu spielen.

Lena ging in ihrem neuen, schönen Ballonkleid nach vorn auf die Bühne.

Lena kannte den Text sehr gut und sang schön laut, und manchmal hob sie den Rock ein wenig und machte ein paar Tanzschritte, und manchmal tat sie so, als blase sie Seifenblasen in den Himmel, und manchmal wirbelte sie im Kreis.

Finchen sah Lena zu. Sie fand Lena fantastisch.

Und dann geschah etwas noch viel Fantastischeres. Lena sang das Lied noch einmal von vorn, aber wenn sie diesmal so tat, als blase sie Seifenblasen, kamen wirklich Seifenblasen und schwebten überall auf der Bühne um Lena herum, wie von Zauberhand. Finchen blieb vor Staunen der Mund offen stehen. Sie starrte nach vorn auf die Bühne. Sie starrte Lena an und das hübsche Ballonkleid, blassrosa wie der Morgenhimmel, und Lenas schöne blonde Locken und all die Seifenblasen, die sie sanft umschwebten und rosa, blau und grün glitzerten. Selbst Gerrit staunte.

»Das ist verdammt gut«, sagte er, »toll, mit all den Seifenblasen.«

»Ja, wirklich«, sagte Finchen. »Lena ist meine beste Freundin.«

Alle klatschten, und Finchen klatschte am lautesten.

Robert drängelte sich zu ihnen durch. »Lenas Mutter hat die Seifenblasen gemacht. Ich habe ihre Schuhe hinter der Trennwand dahinten gesehen.«

»Na und?«, sagte Finchen. »Was geht dich das überhaupt an? Lena ist meine beste Freundin.« Robert ging weg.

Finchen war die Nächste, aber sie schaute sich noch immer die platzenden Seifenblasen an, und Gerrit drängelte sich vor. Er ging nach vorn auf die Bühne und blieb dort stehen. Frau

Ansorge spielte zwei kräftige Akkorde... *Daaa... daaa!...* und wartete. Gerrit stand einfach nur da. Frau Ansorge spielte die beiden Akkorde noch einmal, noch lauter... *Daaa... Daaa!...* und schaute, was Gerrit machte. Gerrit stand einfach nur da.

Neben Finchen, die auf ihren Auftritt wartete, stand Frau Kunstmann. Sie sah auf den Zettel, auf den sie die Namen der Kinder geschrieben hatte.

»Er hat gesagt, er will jonglieren.«

Aber Gerrit stand einfach nur da.

Finchen fragte sich, wie Gerrit denn jonglieren wollte, wenn er nichts hatte, womit er jonglieren konnte. Er suchte einen Augenblick lang in seiner Tasche, und Finchen überlegte, ob er mit schmutzigen Bindfadenresten, kaputten Spielautos und Bonbonpapier jonglieren wollte. Solche Sachen hatte er immer in seiner Tasche. Aber Gerrit rührte sich nicht. Er stand einfach nur da.

Frau Ansorge suchte den Blick von Frau Kunstmann. Finchen verstand die Frage, die sie mit den Lippen formte: »Was soll ich tun?«

»Spielen Sie irgend etwas, und wir holen ihn von der Bühne«, flüsterte Frau Kunstmann ihr zu. In dem Augenblick, da Frau Ansorge zu spielen anfing, brüllte Gerrit so laut er konnte: »Ich jongliere!«

Dann brach er in Tränen aus. Seine Mutter kam und holte

 ihn von der Bühne. Als sie ihn wegtrug, brüllte Gerrit noch immer.

»Komm, Finchen, jetzt bist du an der Reihe«, sagte Frau Kunstmann.

Finchen ging die Stufen hoch. Eine Stimme rief: »Finchen! Finchen! Warte!«

»Finchen Schmidt wird uns jetzt einen Balletttanz zeigen.«

Alle klatschten, aber wieder rief eine Stimme: »Finchen!« Das war die Stimme ihrer Mutter. Finchen konnte sie nicht sehen, aber sie hatte ihre Mutter rufen hören, und da fiel es ihr wieder ein. Zögernd blieb sie oben auf der Treppe stehen.

»Geh schon, Finchen. Du brauchst keine Angst zu haben«, flüsterte Frau Kunstmann.

Aber Finchen blieb stockstatt dort oben auf der Treppe stehen, so wie Gerrit. Sie wollte nicht wie Gerrit sein, der nicht jongliert hatte, aber sie konnte ihren Tanz doch nicht in der schmutzigen Jacke aufführen. Und sie hatte Angst, sich umzudrehen und die Treppe wieder hinunterzugehen, weil Frau Kunstmann doch gesagt hatte, sie solle weitergehen. Finchen merkte, wie ihr Gesicht ganz rot wurde. Ein dicker Kloß machte sich in ihrem Hals breit, Tränen stiegen ihr in die Augen. Sie wollte keine Heulsuse sein wie Gerrit, der nicht jongliert hatte.

»Was hast du denn, Liebes?«, fragte Frau Kunstmann leise flüsternd.

»Ich muss die Jacke ausziehen«, sagte Finchen. »Ich hab sie nur an, weil das Kleid nicht schmutzig werden sollte. Mit der Jacke kann ich nicht tanzen.«

»Dann ziehen wir sie aus«, sagte Frau Kunstmann. »Komm, dreh dich um, ich helfe dir.«

Finchen drehte sich um, und Frau Kunstmann half ihr, die Jacke wieder auszuziehen, die sie bis oben hin zugeknöpft hatte.

»Fertig. So, jetzt aber los.«

Frau Ansorge hatte nicht länger warten wollen und spielte schon. Es war nicht die richtige Musik. Deshalb summte sich Finchen die richtige Melodie vor, zählte bis drei und ging auf Zehenspitzen nach vorn zur Bühne. Es war sehr rutschig. Finchen wunderte sich. Lena war nicht ausgerutscht und Gerrit auch nicht. Aber sie hatte keine Zeit, weiter darüber nachzudenken. Finchen stand vorne an der Bühne, hob ihr hübsches Musselinkleid ein wenig an und streckte den Fuß.

Alle lachten. Sie lachten und lachten und lachten. Ein Junge aus der Albertstraße rief: »Was soll das sein? Ein Nilpferd aus dem Schlammbad, das Ballett tanzt?«

Stocksteif stand Finchen oben auf der Bühne, so wie Gerrit,

der nicht jongliert hatte. In ihrer Brust machte es *Bum! Bum! Bum!* wie die große Trommel. Ihr war noch etwas eingefallen. Sie hatte Verstecken gespielt und Fangen, und sie hatte ganz vergessen, danach ihr Kleid zu kontrollieren. Eine Träne löste sich, als Finchen mit angehaltenem Atem ganz vorsichtig an sich herunterschaute.

Das Kleid war sauber.

Alles in Ordnung. Finchen summte, streckte das Bein und lächelte.

Sie lachten. Sie lachten und lachten und lachten, als wollten sie nie wieder aufhören.

»Das ist wirklich zu komisch«, sagte jemand. Die Zuschauer hielten sich die Bäuche und holten die Taschentücher heraus, um sich die Tränen abzuwischen.

Finchen starrte nach unten in all die lachenden Gesichter. Dann entdeckte sie etwas. Ganz hinten im Zelt, am Tisch mit dem Kaffee und dem Kuchen, eine Hand, die Hand von Finchens Mutter. Sie hielt etwas hoch. Etwas Rotes. Finchens rote Ballettschuhe.

Stocksteif stand Finchen oben auf der Bühne, so wie Gerrit, der nicht jongliert hatte. Sie schaute nach hinten über die Schulter. Eine Schlammspur führte von der Bühne die Treppe hinunter. Dann schaute sie an sich herab, weiter nach unten, vorbei an ihrem sauberen Kleid zu ihrem gestreckten Fuß.

Ihre Stiefel waren mit einer dicken, braunen Lehmschicht überzogen. Ein rosa Eisfleck verzierte den einen, eine rosa Rhododendronblüte den anderen.

Die Musik spielte, die Leute lachten, und die Kinder aus der Albertstraße riefen: »He, deine Nase ist ja ganz rot vom Paradiesapfel!«

»Sie hat eine Kandisnase, sie hat eine Kandisnase!«

»Ach, die kann man vor lauter Dreck ja gar nicht sehen!«

»Heulsuse! Heulsuse!«

»Bin ich nicht!«, schrie Finchen. Sie hatte genug. »Ich bin keine Heulsuse!«

Die Musik hörte auf zu spielen, die Leute hörten auf zu lachen und die Kinder aus der Albertstraße hörten auf zu schreien.

Es wurde ganz still. Finchen holte tief Luft, dachte einen Augenblick nach und begann dann mit leiser Stimme, die aber schon bald kräftiger wurde: »Ich ging hinaus zum Haselwald...«

Erst heute Morgen hatte sie Percy das Gedicht aufgesagt. Finchen wusste, dass sie es konnte. Und als sie an ihre Lieblingsstelle kam, dort, wo sich der Silberfisch in ein Mädchen verwandelte, da sprach sie, so laut sie konnte:

»Schimmernd ein Mädchen war es da,
Im Haare Apfelblütenduft,
Rief mich beim Namen und zerrann
Und blasste hin durch lichte Luft...«

Sie strengte sich wirklich an, aber ohne Percys Wuschelkopf zum Kuscheln blieb sie an der schwierigsten Stelle hängen.

»Wohl bin ich alt...«

Wie ging's noch weiter? Wie war das mit dem hohlen und dem hohen Land?

»Wohl bin ich alt...«

Sie konnte sich nicht erinnern. Ein paar Zuschauer dachten, das Gedicht sei zu Ende, und fingen an zu klatschen, hörten dann aber wieder auf.

»Wohl bin ich alt...«

Dann hörte sie eine leise Männerstimme hinter sich, die ihr weiterhalf:

»Wohl bin ich alt und Wandersmann
Durch hohles Land und hohes Land,
Doch will ich spähn, wohin sie sprang,
Sie küssen, führen bei der Hand
Und gehn durchs lange bunte Gras
Und pflücken Zeit und zeitenlang
Die Silberäpfel mir vom Mond,
Die goldnen mir vom Sonnenrand.«

Alle klatschten. Stefans Vater zwängte sich durch die Menschenmenge, kam zur Bühne und hob Finchen herunter. Frau Kunstmann brachte ihr den silbernen Luftballon. »Gut gemacht«, lobte sie Finchen.

»Wenn unsere Lena nicht gewinnt, bin ich aber sauer«, hörte Finchen Lenas Mutter sagen.

Lena gewann und ging noch mal auf die Bühne. Alle klatschten.

»Du hast deine Sache auch sehr gut gemacht«, sagte Herr Schneider zu Finchen. »Einen Augenblick bist du stecken geblieben, aber dann hast du sehr schön weitergemacht. Ich finde, du hast eine Belohnung verdient. Was wünschst du dir?«

»Einmal auf die Schiffschaukel, mit Lena.«

Also durfte sie mit Lena auf die Schiffschaukel. Sie warfen die Köpfe zurück und betrachteten die schwingenden Baumkronen am Himmel. Die beiden silbernen Luftballons schaukelten ein Stück über ihnen.

Danach aßen sie Kuchen, und Finchens Mutter zog Finchen die rote Nase lang.

»Du und deine Ballettschuhe! Den ganzen Nachmittag trage ich sie nun schon mit mir herum! Weißt du eigentlich, wer dir bei dem Gedicht weitergeholfen hat?«

»Nein«, sagte Finchen. »Das muss Zauberei gewesen sein. Stefans Vater war es nicht, der hatte ganz hinten gestanden, und sonst kennt niemand das Gedicht, nur er und ich.«

»Ich weiß, wer dir geholfen hat. Ich habe mit ihm gesprochen«, sagte Finchens Mutter. »Es war der Bürgermeister.«

»Welcher Bürgermeister?«, fragte Finchen.

»Unser Bürgermeister natürlich. Komm mit. Er möchte dir Guten Tag sagen.«

Der Bürgermeister saß jetzt nicht mehr oben auf der Bühne. Er trank Kaffee mit ganz gewöhnlichen Leuten.

»Gibst du einem alten Mann die Hand?«, fragte er.

Finchen schüttelte ihm die Hand. Bestimmt war er mindestens hundert Jahre alt. Aber er war sehr freundlich, und weiße Haare wuchsen ihm aus den Ohren.

»Finchen, weißt du eigentlich, dass du mich heute zum Weinen gebracht hast?«

»Nein«, sagte Finchen. »Tut mir Leid.« Der Bürgermeister

sah aber gar nicht so aus, als ob er geweint hätte. Sein Gesicht war voller kleiner Lachfalten, wie beim Weihnachtsmann.

»Weißt du denn, wer dieses herrliche Lied des Wandernden Aengus geschrieben hat, Finchen?«

»Das hat niemand geschrieben«, sagte Finchen. »Stefans Vater hat es sich ausgedacht, als er fischen war, und dann hat er es mir aufgesagt. Er hat mich nicht auf den Arm genommen. Und außerdem ist das kein Lied«, sagte sie so freundlich sie konnte, »das ist Poesie.«

»Da hast du Recht«, sagte der Bürgermeister. »Das hat ein sehr berühmter Dichter aus Irland geschrieben, den ich sehr verehre. Hast du etwa auch ein bisschen geweint, Finchen?«

»Nein«, sagte Finchen mit zugekniffenen Augen, denn das war eine Lüge. Als sie die Augen wieder öffnete, sah sie, wie der Bürgermeister ihrer Mutter freundlich zuzwinkerte und dann fortging.

»Mama, warum verdrehen Erwachsene ihre Augen, ohne sie zu schließen, wenn sie große Lügen erzählen, und zwinkern mit einem Auge für kleine Lügen?«

»Ich habe nicht die geringste Ahnung«, sagte Finchens Mutter.

Als die letzte Tasse Kaffee ausgeschenkt und der Kuchen ganz aufgegessen war, als die Marmeladen verkauft, die Stände leer und die Schiffschaukeln verlassen waren, machten sich alle auf den Heimweg. Sie gingen nicht schnell, denn der Weg führte bergauf, und alle waren müde. Finchen und Lena liefen zusammen, schwangen die Arme mit den silbernen Ballons hin und her und sangen das Seifenblasenlied, bis sie heiser waren. Die Jungen gingen auch zusammen, drängelnd und schubsend, und riefen sich gegenseitig Schimpfwörter nach. Gerrit musste sich übergeben.

»Er hat fünf Eis gegessen«, sagte seine Mutter. »Ich habe ihn gewarnt, dass es so kommen würde.«

Als sie das Haus von Finchens Großmutter erreichten, gab Finchen ihr den silbernen Ballon zurück. »Weißt du, ich finde, du solltest ihn mit nach Hause nehmen, für Percy. Ich wette, er freut sich über einen silbernen Luftballon am Bettende. Dann hat er Gesellschaft, wenn du draußen spielst.«

Finchen war wirklich sehr müde. Als sie sich gewaschen hatte und in ihrem Bett lag, konnte sie noch immer die Sonne auf ihrem Gesicht spüren und auf der Haut riechen, obwohl der Abend so kühl wie ihr Laken war.

»Sieh dir den Luftballon an, Percy«, flüsterte sie ihm in sein schwarzes Wuschelohr. »Ich wette, er glänzt auch noch, wenn es ganz dunkel ist. Ich muss dir noch hundert Sachen vom Fest im Park erzählen…«

Sie dachte, sie erzählte ihm alles, aber vielleicht träumte sie auch schon. Sie sah das grüne Gras und die roten und weißen und blauen Fähnchen und hörte die Kapelle und sah Lenas Seifenblasen. Sie schaukelte hoch und runter und schaute zum Himmel, und der Himmel hing voller Luftballons, und die Bäume hingen voller goldener und silberner Äpfel.

»Percy«, flüsterte Finchen. Sie wollte ihn wecken und ihm alles erzählen. »Percy…« Aber Percy war schön warm zugedeckt und schlief schon tief und fest – genau wie Finchen Schmidt.

Bitte beachten Sie auch die folgenden Seiten

Magdalen Nabb
Finchen im Winter

Mit Bildern von Karen Donnelly
Aus dem Englischen von Ursula Kösters-Roth

Ob's stürmt oder schneit: Finchen fällt immer was ein!
Finchens Mama hat Grippe und nimmt eine geheimnisvolle Medizin, die der Arzt ›Filrur‹ nennt. Finchen langweilt sich, denn es regnet schon seit Tagen, der Kater ist mal wieder abgehauen, alle Bücher sind ausgelesen, das letzte Bild im Malbuch ausgemalt. Aber Finchen fällt immer was ein: Sie zieht sich warm an und geht auf einen Sprung zu Lena, ihrer Freundin von nebenan, mit der sie dreimal täglich Krach hat und sich dann wieder versöhnt. Doch bei Lena kann man diesmal nicht spielen, weil ihre Mutter Kopfweh hat. Finchens Freund Gerrit darf nicht raus, wenn's regnet, weil er sonst sofort Bronchitis bekommt, und seine Mutter hat einen dicken Schnupfen. Ob ihr wohl auch ›Filrur‹ helfen würde? Jedenfalls geht Finchen gern für sie Papiertaschentücher kaufen bei Frau Bock. Deren Mann hat ebenfalls Grippe, und Frau Bock kann nicht aus dem Laden weg, um bei Herrn Schuhmacher die benötigten Eier zu holen. Herrn Schuhmachers Hühnerstall besucht Finchen immer gern, also geht sie die Eier holen. Und allen Leuten, die sie unterwegs trifft, erzählt sie, dass ›Filrur‹ die beste Medizin gegen die umgehende Grippe sei.

»Die neuen Geschichten von Magdalen Nabb zeigen auf wohltuend ruhige Weise die kleine Welt dieser liebenswerten Figur.«   *Hits für Kids, Gustavsburg*

Kinderbücher von Anne Fine im Diogenes Verlag

Kuh-Lotto
Mit Bildern von Gabriele Kernke
Aus dem Englischen von Erica Ruetz

Fräulein Mirabelle ist einfach die tollste Lehrerin, die Lance je hatte. Aber die Direktorin, Frau Spick, findet Fräulein Mirabelle untragbar. Und dass ihr für das bevorstehende Schulfest nichts einfällt, was sie mit ihrer Klasse beitragen könnte, wundert Frau Spick überhaupt nicht! Ein guter Vorwand, um diese unmögliche Person mit ihren Klapperabsätzen und ihren Rüschenröcken endlich loszuwerden…

»*Kuh-Lotto* ist eine Geschichte, so originell wie Fräulein Mirabelle. Wer die witzigen Persönchen gesehen hat, die Gabriele Kernke zur Illustration gezeichnet hat, und die Kapitelüberschriften gelesen hat, der wird nicht ums Lesen drumrumkommen.«
Susanne Kippenberger / Der Tagesspiegel, Berlin

Bills neues Kleid
Mit Bildern von Gabriele Kernke
Deutsch von Barbara Heller

»Eines Tages stellt Bill fest, dass er ein Mädchen ist und findet sich in einem rosa Kleid wieder. Alle Welt tut, als sei es das Normalste überhaupt – nur Bill wundert sich, dass die Welt für Mädchen so ganz anders ist… Ein amüsantes Buch für Leser jeden Alters und jeden Geschlechts.« *Saarländischer Rundfunk*

Zaubernebel
Mit Bildern von Gabriele Kernke
Deutsch von Ursula Kösters-Roth

Eines Morgens findet Jeanie auf dem Weg zur Schule einen Ring. Als sie daran herumspielt, erscheint in einer glitzernden Nebelschwade ein dickes Männchen mit Pluderhosen und Schnabelschuhen und behauptet, der ›Geist des Ringes‹ zu sein. Der Kleine besteht darauf, Jeanie jeden Wunsch zu erfüllen, und Jeanie wünscht sich einen ›einzigartig schönen Tag‹. Doch von so einem Tag hat der Geist des Ringes seine eigenen Vorstellungen...

Tagebuch einer Killer-Katze

Mit Bildern von Steve Cox
Deutsch von Barbara Heller

Okay, okay. Dann hängt mich eben. Ja, ich habe den Vogel umgebracht. Verdammt nochmal, ich bin nun mal eine Katze. Es ist sozusagen mein Job, den Garten nach süßen kleinen Vögelchen abzusuchen, die kaum von einem Zaun zum anderen flattern können. Was soll ich denn machen, wenn eins dieser armen kleinen Federbälle sich geradewegs in meinen Rachen stürzt?

So beginnt das Tagebuch einer Killerkatze, die so entsetzlich ›mordgierig‹ ist, dass ihre Besitzerin Ellie fast verzweifelt. Als das Nachbarskaninchen tot und leicht zerfleddert aufgefunden wird, steht die arme Kuschel natürlich sofort wieder unter Verdacht. Aber kann sie es überhaupt gewesen sein?

Ein Engel in der Schule

Mit Bildern von Gabriele Kernke
Deutsch von Barbara Heller

Wie herrlich könnte es in der Schule sein, wenn Leute wie Barry Hunter in Schach gehalten würden, wenn man in Ruhe arbeiten, die Pausen genießen und einfach einen ganz normalen Schultag verbringen könnte. Doch da taucht Celeste auf: ein engelhaftes Wesen mit blonden Löckchen und veilchenblauen Augen. ›Die mach ich fertig‹, denkt Barry Hunter. Aber da ist er bei Celeste ein für alle Mal an die Richtige geraten.

»Ein zauberhaft geschriebenes Kinderbuch.«
Karin Oehmigen / Schweizer Illustrierte, Zürich

Ein total verrücktes Huhn
Mit Bildern von Gabriele Kernke
Deutsch von Barbara Heller

Von Geburt an wurden die Hühner auf der Gräulich-Farm in Ställen gehalten, in denen es keine Fenster gab, in winzigen Käfigen, die ihnen nicht einmal genug Platz ließen, um die Flügel auszubreiten. Und so wäre es Generationen von Hühnern auf dem Gräulich-Hof weiterhin ergangen, wenn nicht eines Nachts die kleinen grünen Männchen gekommen wären und die Hühner befreit hätten ...
Ein verrücktes und kluges Kinderbuch zum Thema artgerechte Tierhaltung.

Punky Mami
Mit Bildern von Gabriele Kernke
Deutsch von Barbara Heller

Es ist nicht einfach für Minna, die einzig Vernünftige in der Familie zu sein. Ewig muss sie auf ihre Mutter aufpassen. Sonst liefe doch wieder alles schief: Die Zahnarzttermine würden vergessen werden, das Haushaltsgeld ginge für verrückte Klamotten drauf, das Goldfischaquarium würde nie geputzt werden. Und – mal ehrlich – wie würdet ihr euch denn fühlen, wenn eure Mutter knallblaue Haare hätte und mit lila Netzstrümpfen herumliefe?

Goldnebel
Mit Bildern von Gabriele Kernke
Deutsch von Ursula Kösters-Roth

»Etwas wegwerfen? Unmöglich!«, findet Toby, als seine Mutter energisch verlangt, dass er endlich sein Zimmer entrümpelt. Doch als er die alte Messinglampe unter seinem Bett hervorkramt, entsteigt ihr der Geist Hassan und erteilt ihm eine Lektion in Sachen ›haben wollen‹ und ›brauchen‹.

»Anne Fines Bücher machen den grauen Alltag bunter.« *Ortwin Löwa / NDR, Hamburg*